Siddha Prarthana

BIHAR SCHOOL OF YOGA
50 years
1963–2013
GOLDEN JUBILEE

WORLD YOGA CONVENTION 2013
GANGA DARSHAN, MUNGER, BIHAR, INDIA
23rd–27th October 2013

Siddha Prarthana

Garland of Sacred Songs and Prayers

Yoga Publications Trust, Munger, Bihar, India

Published by Yoga Publications Trust
1st edition 2007
Reprinted 2008
2nd edition 2013

ISBN: 978-81-86336-58-8

Publisher and distributor: Yoga Publications Trust, Ganga Darshan, Munger, Bihar, India.

Website: www.biharyoga.net
www.rikhiapeeth.net

Printed at Thomson Press (India) Limited, New Delhi, 110001

Dedication

In humility we offer this dedication to
Swami Sivananda Saraswati, who initiated
Swami Satyananda Saraswati into the secrets of yoga.

Sankirtan and Prayer

Swami Sivananda Saraswati

There is a mysterious power in the name of the Lord. Man cannot live on bread alone but he can live on the name of the Lord. Shakespeare says, "The man who hath no music in himself nor is moved by the concord of sweet sounds is fit for treason, strategem and spoils. The motions of his spirit are dull as night, his affections dark as Erebus. Let no such man be trusted. Mark the music."

The mind is purified by constant sankirtan. It is filled with good and pure thoughts. Daily sankirtan strengthens the good samskaras. The mind of a person who trains himself in thinking good, holy thoughts develops a tendency to think of good thoughts. The character is moulded and transformed by continuous good thoughts. When the mind thinks of the image of God during sankirtan, the mental substance actually transforms into the form of God. One who entertains thoughts of divinity becomes transformed into divinity itself. The bhava and disposition are purified and divinized. The meditator and the meditated, the worshipper and the worshipped, the thinker and the thought, become one. This is samadhi. This is the fruit of sankirtan or upasana.

One who does sankirtan forgets the body and the world. Sankirtan removes *dehadhyasa* (identification with the body). It brings superintuitional knowledge.

Sankirtan brings darshan of God or attainment of divine consciousness in the Kali yuga. Sankirtan develops love. Sankirtan is the easiest, surest, safest, quickest way to attain God-consciousness.

The repeated singing of the name of the Lord gradually builds up forms of the devatas or special manifestations of the deity whom you seek to worship. This serves as a focus to bring down the benign influence of the Being which, radiating from the centre, penetrates the worshipper or the kirtan singer.

The harmonious vibrations produced by the singing of the names of the Lord help the devotees to control their minds easily. They elevate the mind at once from its old ruts or grooves to magnanimous heights of divine splendour and glory. The name of God is as good as God himself. God is chaitanya and so is his name.

Akhanda kirtan is a very effective spiritual sadhana. There is eradication of all negative vrittis during this period. The mind can be easily controlled by akhanda kirtan. The wandering habit of the mind towards sensual objects can be easily checked. By the practice of akhanda kirtan, the mind has neither time nor opportunity to think of sensual objects. Akhanda kirtan is a potent and easy means of capturing the mind. The mind is filled with sattwa. There is supreme peace and joy in akhanda kirtan. It purifies the heart quickly. It produces high purity of mind and other incalculable benefits.

When you do kirtan, place the image of the Lord – Krishna, Hari or Rama – in your heart and fix the mind on the image. Close your eyes. Lord Hari is immensely pleased when one sings His name.

At the end of Dwapara yuga, Sage Narada went to the creator, Brahma, and wanted to know the easiest means of crossing the ocean of samsara in the Kali age. Brahma replied that by repetition of the Mahamantra consisting of sixteen names – Hare Rama Hare Rama, Rama Rama Hare Hare; Hare Krishna Hare Krishna, Krishna Krishna Hare Hare – one can easily cross over the samsara. These names destroy the *avarana* (veil of ignorance), which produces the sense of individuality of the jiva, surrounded by the sixteen *kalas* (rays). Then, like the sphere of the sun which shines brilliantly after the clouds disperse, Parabrahman alone shines. No rules are to be observed in the repetition of these names. Brahma also said, "Whosoever, in a pure or impure state, utters these always attains the same world as, or proximity to, or the same form of, or absorption into Brahman. He is at once released from all bondage."

Prayer is the beginning of yoga. Prayer is the first important *anga* (limb) of yoga. Preliminary spiritual sadhana or practice is prayer. Pray to God for purity, devotion, light and knowledge. You will get these things. Prayer can move mountains. Prayer can work miracles. Say even once from the bottom of your heart: "O Lord, I am yours. Your will be done. Have mercy on me. I am your servant. Forgive. Guide. Protect. Enlighten. Trahi. Prachodayat."

Pray in any way you like. Become as simple as a child. Open freely the chambers of your heart. Have no cunning or crookedness. You will get everything. Pray fervently right now, from this very second. Do not delay. Tomorrow will never come.

Guru

Deva-Deva Sivananda

Deva-deva sivananda dinabandho paahi maam
Chandra-vadana mandahaasa prema-rupa raksha maam
Madhura-gita-gaana-lola gyaana-rupa paahi maam
Samasta-loka-pujaniya mohanaanga raksha maam

Divya-gangaa-tira-vaasa daana-shila paahi maam
Paapa-harana punya-shila parama-purusha raksha maam
Bhakta-loka-hridaya-vaasa svaaminaatha paahi maam
Chitsvarupa chidaananda sivananda raksha maam

Sadguru Vandanaa

Bhavasaagara taarana kaarana he,
Ravinandana bandhana khandana he.
Sharanaagata kinkara bheeta mane,
Gurudeva, dayaa kara dina jane.

Hridi kandara taamasa bhaaskara he,
Tuma vishnu prajaapati shankara he.
Parabrahma paraatpara veda bhane,
Gurudeva, dayaa kara dina jane.

Mana-vaarana kaarana ankusha he,
Nara traana kare hari chaakshusha he.
Gunagaana paraayana devagane,
Gurudeva, dayaa kara dina jane.

Kula-kundalini tuma bhanjaka he,
Hridi-granthi vidaarana kaarana he.
Mahimaa tava gochara shuddha mane,
Gurudeva, dayaa kara dina jane.

Abhimaana prabhaava vimardaka he,
Ati dina jane tuma rakshaka he.
Mana kampita vanchita bhakti dhane,
Gurudeva, dayaa kara dina jane.

Ripusudana mangala naayaka he,
Sukha shaanti varaabhaya daayaka he.
Traya taapa hare tava naama gune,
Gurudeva, dayaa kara dina jane.

Tava naama sadaa sukha saadhaka he,
Patitaadhama maanava paavaka he.
Mama maanasa chanchala raatri-dine,
Gurudeva, dayaa kara dina jane.

Jaya sadguru! Ishvara praapaka he!
Bhava-roga-vikaara vinaashaka he!
Mana lina rahe tava sri charane,
Gurudeva, dayaa kara dina jane.

Guruvara Tumhin Bataa Do

Guruvara tumhin bataa do, kisaki sharana mei jaaen,
Kisake charana pe girakara, apani vyathaa sunaaen.
Guruvara tumhin bataa do . . .

1. Agyaana ke timira ne chaaron tarapha se gheraa,
Kyaa raata hai pralaya ki, hogaa nahi saberaa,
Patha aura prakaasha dono,
chalane ki shakti paean.
Guruvara tumhin bataa do . . .

2. Kuvrittiyon ne hamako gheraa kadama-kadama para,
Kabhi maaraa kaama bankara,
kabhi lutaa krodha bankara,
Ina daanavon se kaise, apana galaa chhuraaen.
Guruvara tumhin bataa do . . .

3. Jivana ke devataa kaa karate rahe niraadara,
Kaise karen samarpita, jivana ki jirna chaadara,
Yaha paapa ki gathariyaa kaho kisa taraha dikhaaen.
Guruvara tumhin bataa do . . .

4. Maanaa kaputa hai hama, kyaa rushta raha sakoge
Muskaana pyaara amrita, kyaa de nahi sakoge
Daataa tumhaare dara se, jaaen to kidhara jaaen.
Guruvara tumhin bataa do . . .

Guru Praarthanaa

Hai praarthanaa gurudeva se,
yaha dharmamaya samsaara ho
Ati uchchatama jivana bane,
paramaarthamaya vyavahaara ho

Naa ham rahe apane liye,
hamako sabhi se garja hai
Gurudeva ye aashisha dei,
jo sochane kaa pharja hai

Ham hon pujaari tatva ke,
gurudeva ke aadesha ke
Sacha prema ke, nita nema ke,
saddharma ke, satkarma ke

Ho chirha jhuthi raaha ki, anyaaya ki,
abhimaana ki
Sevaa karana ko daasa ki,
paravaaha nahi ho jaana ki

Chhote na hon hama buddhi se, hove
samartha ishamaya
Ho raamamaya aura krishnamaya,
jagadevamaya jagadishamaya

Hara indriyon kaa taaba kara,
hama vira hon atidhira hon
Ujjvala rahe sara se sadaa, nija
dharmarata hama vira hon

Atishuddha hon aachaara se,
tanamana hamaaraa dharma kaa
Aadhyaatma ki shakti hame,
pala bhi nahi kara de judaa

Isa amara aatmaa kaa hame,
hara shvaasa bhara mei gama rahe
Gara mauta bhi ye aagai,
sukha-duhkha hama se sama rahe

He gurudeva,
Ham sabako sadbuddhi dei,
kartavya karane ki sadbuddhi dei,
Sacha bolane kaa dhyaasa dei,
satsvarupa kaa gyaana dei

Guru Hamaare Praana

Guru hamaare mana mandira mei, guru hamaare praana
Saare vishva kaa vaha hai daataa, naaraayana bhagavaan

Jaya gurudeva, sri gurudeva

Guru hamaare dhana-daulata hai, guru hamaare praana
Saare vishva kaa vaha hai daataa, naaraayana bhagavaan

Jaya gurudeva, sri gurudeva

Guru hamaare tana mana saba hai, guru hamaare praana
Saare vishva kaa vaha hai daataa, naaraayana bhagavaan

Jaya gurudeva, sri gurudeva

Sadgurudeva Ki Aarati

Aarati karo sadguru ki karo,
Sadguru ki pyaare guruvara ki.
Aarati karo . . .

1. Jaya gurudeva amala avinaashi,
   Gyaana rupa antara ke vaasi.
   Hara paga-paga para dete prakaasha,
   Jaise kiranen dinakara ki.
   Aarati karo . . .

2. Jaba se sharana tumhaare aaye,
   Amrita se mithe phala paaye.
   Sharana tumhaari kyaa hai chhaayaa,
   Kalpavriksha taruvara ki.
   Aarati karo . . .

3. Brahma gyaana ke purna prakaasha,
   Yoga gyaana ke atala pravarttaka.
   Jaya 'guru-charana' saroja mitaa di,
   Vyathaa hamaare ura ki.
   Aarati karo . . .

4. Andhakaara se hame nikaalaa,
   Dikhalaayaa hai hame ujaalaa.
   Kaba se jaane chhaana rahe the,
   Khaaka suno, dara-dara ki.
   Aarati karo . . .

5. Sanshaya mitaa viveka karaayaa,
   Bhavasaagara se paara langhaayaa.
   Amara pradipa jalaa, karadi,
   Nishaa dura isa tana ki.
   Aarati karo . . .

6. Bhedon bicha abheda bataayaa,
Aavaagamana vimukta karaayaa.
Dhanya hue ham paakara dhaaraa,
Brahma gyaana nirjhara ki.
Aarati karo . . .

7. Kripaa karo sadguru jaga-taarana,
Sat-patha darshaka bhraanti nivaarana.
Jaya ho nitya jyoti dikhalaane,
Vaale lilaadhara ki.
Aarati karo . . .

Sadguru Mahimaa

Gurudeva mere jaba paasa khare,
Mai aasa karun kisaki-kisaki.
Jaba baanha gahi, gurudev mile,
Taba baanha gahun kisaki-kisaki.

Jaba naatha mere diladaara mile,
Mai khoja karun kisaki-kisaki.
Jaba rupa anupa chhataa unaki,
Chhavi aura lakhun kisaki-kisaki.

Jaba priti apaara lakhi unaki,
Phira priti chahun kisaki-kisaki.
Jaba baanki adaa hi sadaa unki,
Phira priti chahun kisaki-kisaki.

Jaba daasi hui sharane unaki,
Phira sharana chahun kisaki-kisaki.
Jaba charana sharana gurudev mile,
Phira sharana chahun kisaki-kisaki.

Guru Mahimaa

Guru ke kaama para mita jaane vaale aura hote hai
Guru ki aana para mita jaane vaale aura hote hai

Naama ki ota jaga bharamaane vaale aura hote hai
Bhule-bhatake ko raaha dikhaane vaale guru hi hote hai

Binaa barasaata ke umare, bahaa de palaka mei jaga ko
Ve nadiyaan aura hoti hai, ve naale aura hote hai

Banaa de bekhabara duniyaa se jisakaa eka hi chhintaa
Ve saaki aura hoti hai, ve pyaale aura hote hai

Mile sadguru kripaa taba hi chhute samsaara kaa bandhana
Vo kunji aura hoti hai, vo taale aura hote hai

Rakho gurudeva para bhakti, milegi divya vaha shakti
Vo bhakti aura hoti hai, vo shakti aura hoti hai

Laagi Lagana Guru Charanana Ki

Mori laagi lagana guru charanana ki

1. Charana binaa kuchhu vai nahi bhaave,
   Jhutha maayaa saba sapanana ki.
2. Bhavasaagara saba sukhi gayau hai,
   Phikara nahi mujhe taranana ki.
3. Miraa kahe prabhu giridhara naagara!
   Ulata bhai more nayanana ki.

Mujhako Apanaa Lenaa

Gurudeva dayaa karake mujhako apanaa lenaa
Mai sharana paraa teri, charanon mei jagaha denaa
Gurudeva dayaa karake mujhako apanaa lenaa

Tuma sukha ke saagara ho, nirdhana ke sahaare ho
Isa tana mei samaaye ho, mujhe praanon se pyaare ho
Nita naama japun tere, nahi dila se bhulaa denaa
Gurudeva dayaa karake mujhako apanaa lenaa

Karunaanidhi naama teraa karunaa kara dikhalaanaa
Soye huve bhaagyon ko, he naatha! Jagaa denaa
Meri naava bhavara dole, ise paara lagaa denaa
Gurudeva dayaa karake mujhako apanaa lenaa

Paapi hun yaa kapati hun, jaisaa hun tumhaaraa hun
Nahi naatha bhulaanaa mujhe, isa jaga mei akelaa hun
Tere dara kaa bhikhaari hun, mere dosha bhulaa denaa
Gurudeva dayaa karake mujhako apanaa lenaa

Darshana kaa pyaasaa hun, isa jaga mei akelaa hun
Apanaa lo mujhe svaami, dara-dara thukaraayaa hun
Itanaa to karo baba, aba sharana mei aayaa hun
Gurudeva dayaa karake mujhako apanaa lenaa

Nivedana

He mere gurudeva karunaasindhu karunaa kijiye
Hun adhama aadhina asharana aba sharana mei lijiye

Khaa rahaa gote hun mai
bhava-sindhu ke manjhadhaara mei
Aasaraa hai dusaraa koi na aba samsaara mei

Mujhamei hai japa-tapa na saadhana
aura nahi kuchha gyaana hai
Niralajjataa hai eka baaki aura basa abhimaana hai

Paapa bojhe se ladi naiyaa bhamvara mei jaa rahi
Naatha dauro, aba bachaa lo, naava dubi jaa rahi

Aapa bhi yadi chhora denge phira kahaa jaaungaa mai
Janma duhkha se naatha kaise paara kara paaungaa mai

Saba jagaha manjila bhataka kara li sharana aba aapaki
Paara karanaa yaa na karanaa dono marji aapaki

So'ham So'ham Jaapa Karo

So'ham so'ham jaapa karo,
sadgurudeva kaa dhyaana karo
So'ham brahmaa so'ham vishnu,
so'ham satyam dhyaana karo
So'ham satyam dhyaana karo
Guru hi aatmaa, guru paramaatmaa,
guru kaa haradama dhyaana karo
Guru kaa haradama dhyaana karo
Guru hi brahmaa, guru hi vishnu,
guru hi shyaama au' raama vahi
So'ham siva hai, shyaama vahi

Guru Vandana

Paramahamsa guru punya kaama tuma
Lo pranaama shata koti hridaya se

Timira pantha para gyaana rashmi tuma
Jarataa mei chaitanya urmi tuma,
Teri karunaa se bhingaa mana
Nita-dina gaataa gaana abhaya kaa
Paramahamsa guru . . .

Gyaana gagana ke kendra indu tuma
Dhyaana chakra ke madhya bindu tuma
Bunda bane hama sneha sindhu tuma
Anta nahi tere parichaya kaa
Paramahamsa guru . . .

Tuma gitaa, tuma hi raamaayana
Vyaasa tumhin, tuma vaishampaayana,
Tuma hi siva, sundara sat tuma hi,
Shaanti viveka, mahattam tuma hi
Paramahamsa guru . . .

Guru Naama Sankirtan

Sri Guru Charanam

Sri guru charanam namo-namo,
Satyam sharanam namo-namo
Sivananda guru namo-namo,
Bolo yogam sharanam namo-namo
Satyananda guru namo-namo,
Bolo yogam sharanam namo-namo

Guru Ke Naama Gao

Guru ke naama gao, guru ke naama gao
Guru ke naama gao, guru ke naama gao

Jaya Guru

Jaya guru, jaya guru, jaya guru jaya
Paramahamsa satyananda jaya guru jaya

Jaya Bolo Aananda Mei

Jaya bolo gurudeva ki aananda mei, aananda mei
Aananda mei prabhu ke aananda mei

Om Guru

Om guru, om guru, sachchidaananda guru
Satchidaananda guru, sivananda guru
Sivananda guru, satyananda guru

Bolo-bolo Naama

Sri gurudeva ki mahimaa apaara hai
Sri satyananda ji ke bolo-bolo naam

Mana Bhula Mata Jaiyo

Mana bhula mata jaiyo gurudeva ke charana
Gurudeva ke charana gurudeva ke charana

Aananda Sagara

Aananda saagara guru mahaaraaja
Mere guru satyananda yoga avataara

Guru Mahaaraaja

Guru mahaaraaja, guru jaya jaya
Paramabrahma sadguru jaya jaya
Satyananda sri guru jaya jaya

Gurudevaa Gurudevaa

Gurudevaa jaya gurudevaa
Charana namastute gurudevaa
Vidyaadaayaka gurudevaa
Shaanti svarupaa gurudevaa
Karunaasaagara gurudevaa
Praana devaa prema devaa
Shaanti pradaayaka gurudevaa

Dayaa Karo Gurudeva

Dayaa karo gurudeva, kripaa karo gurudeva
Jaya jaya gurudeva, jaya jaya gurudeva
Jaya jaya gurudeva, jaya guru

Jaya Guru

Jaya guru, siva guru, hari guru raama
Jagata guru, parama guru, sadaguru shyaama

Om Bhagavaan

Om bhagavaan sri bhagavaan
Aananda bhagavaan sadguru bhagavaan

Gurudeva Meri Naiyaa

Gurudeva meri naiyaa usa paara lagaa denaa
Aba taka jo nibhaayaa hai aage bhi nibhaa denaa

Rikhiyaa Vale Baabaa

Charanom se hamko lagaa lai ho rikhiyaa vaale baabaa
Rikhiyaa vaale baabaa, satyananda baabaa
Satyananda baabaa, yogiraaja baabaa

Hari Guna Gaao

Sadaa nirantara hari guna gaao
Prema bhakti ke bhajana sunaao
Sri gurudeva ki sharana mei aao
Mana mandira mei dipa jalaao
Jivana naiyaa paara lagaao

Sivananda Yogi

Sivananda yogi gurudeva yogi
Sivananda sivananda mahadeva yogi

Jaya Jaya Jaya Jaya Gurudeva

Jaya jaya jaya jaya gurudeva
Jaya jaya jaya jaya gurudeva
Gurudeva gurudeva gurudeva gurudeva
Gurudeva jaya gurudeva

Om Mangalam

Om mangalam omkaara mangalam
Guru mangalam gurupaada mangalam

Om Namo Bhagavate

Om namo bhagavate sivanandaya

Guru Brahmaa

Guru brahmaa guru vishnuh gururdevo maheshvarah
Guru saakshaat parambrahma
Tasmai sri gurave namah

Om Gurudeva

Om gurudeva, om gurudeva, om gurudeva
Naaraayana, naaraayana, naaraayana

Jaya Gurudeva

Jaya guru jaya he jaya gurudeva

Devi

Aaraadhanaa

Vedabhumi bhaarata se maiyaa
vaidika vishva banaa do
Jahaan ho maiyaa vahi se jaldi
vaidika vishva banaa do

1. Maihara vaali shaaradaa maiyaa,
kalakatte ki kaali maiyaa
Vindhyaachala ki vindhyavaasini,
vrindaavana ki kaatyaayani
Haridvaara ki manasaa devi,
pushkara ki gaayatri devi
Purna giri ki kaalikaa maiyaa,
karnaataka ki durgaa maiyaa
Jahaan ho maiyaa . . .

2. Mithilaa ki mithileshvari devi,
patanaa ki pataneshvari devi
Vaishnava devi jammu vaali,
tripura sundari tripuraa vaali
Chitrakuta ki maiyaa shivaani,
shrinagara ki chhira bhavaani
Mumbai vaali mumbaa devi,
paarvati devi punaavaali
Jahaan ho maiyaa . . .

3. Almoraa ki maiyaa kaushaki,
shimalaavaali maiyaa kotaki
Aabu vaali devi arbudaa,
mahuaa vaali maiyaa chandrikaa
Madurai vaali maa minaakshi,
kaashi ki maa vishaalaakshi
Kaathamaandu ki guhyeshvari maa,
kaangaraa vaali pitheshvari maa
Jahaan ho maiyaa . . .

4. Kolhaapura ki mahisha-mardani,
jaalandhara ki tripuramaalini
Junaagarha ki devi ambaa,
shrishailama ki khambhaarambhaa
Omakaareshvara sapta maatrikaa,
pandharapura ki devi raadhikaa
Vardhamaana ki devi bagulaa,
vimalaa devi puri ki maiyaa
Jahaan ho maiyaa . . .

5. Kaangaraa vaali chintapurni,
dvaarakaa vaali maiyaa rukmini
Nainitaala ki nainaa devi,
jvaalaamukhi ki jvaalaa devi
Tirupati ki padmaavati maiyaa,
bangalaadesha ki bhagavati maiyaa

Janakapura ki sitaa maiyaa,
chunaara vaali durgaa maiyaa
Jahaan ho maiyaa . . .

6. Dilli ki yogamaayaa kaalikaa,
mathuraavaali devi raadhikaa
Tyaagaraaja ki lalitaa devi,
madraasa ki kulakaa devi
Sahasra chandi maanakapura ki,
gaurishankara jabalapura ki
Govaa ki shaantaa durgaa maa,
mudagalapura ki chandi maiyaa
Gauhaati ki maa kaamaakhyaa,
maisura vaali maa chaamundaa
Jahaan ho maiyaa . . .

7. Panchavati ki bhadrakaali maa,
dalahaati ki mahaakaali maa
Karoli vaali kelaa devi,
virajaakshetra ki virajaa devi
Paakistaana ki maiyaa kotari,
hingalaaja ki hingulaa devi
Indaragarha ki indraani maa,
aasanasola ki kapaalini maa
Saakambari sahaaranapura ki,
devi nandini nandipura ki
Jahaan ho maiyaa . . .

Vedabhumi bhaarata se maiyaa
vaidika vishva banaa do.
Pitaambaraa paraashakti maa
vaidika vishva banaa do.
Jaahan ho maiyaa vahi se jaldi
vaidika vishva banaa do.

Devi Naama Sankirtan

Jaya Jaga Janani

Jagatoddhaarini maataa durgaa, jagatoddhaarini maa
Jaya jaga janani, jaya jaga janani, jaya jaga janani maa
Jaya gauri devi, ranachandi devi
Jaya sivaramanaa jago maa

Jaago Shankari Maa

Jaago maa, jaago maa, shankari maa
Shankari maa, abhayankari maa
Devi dayaa karo sivaramanaa

Kundalini Jaago Maa

Kundalini kundalini kundalini jaago maa
Kundalini kundalini kundalini jaago maa

Jyotirmayi Utaro

Mere mana ke andha tamas mei, jyotirmayi utaro,
Aanandamayi chaitanyamayi satyamayi parameshvari

Maataa Bhavaani

Maataa bhavaani sivaranjani
Saubhaagyadaayini varadaayini

Mahaakaali Ki Jaya

Mahaakaali ki jaya, mahaadurge ki jaya
Bolo ambe bhavaani ki jaya jaya jaya

Jaya Jaya Ma

Jaya jaya maa, jaya kaali maa
Jaya jaya maa, jaya durga maa
Jaya jaya maa, jaya ambe maa
Jaya jaya maa, jaya sarasvati maa

Bhaja Mana Maa

Bhaja mana maa maa maa maa,
bhaja mana maa maa maa maa
Aanandamayi maa, karunaamayi maa
Aanandarupaa maa, karunaarupaa maa

Jaya Durgaa Lakshmi Sarasvati

Jaya durgaa lakshmi sarasvati
Jaya jaya ambe bhavaani,
Maa jaya jagadambe bhaavani
Jaya jagadambe bhavaani maa,
Jaya jagadambe bhavaani

Durge Devi Namo'stute

Durge devi namo'stute, chandi devi namo'stute
Bhadrakaali namo'stute, naaraayani namo'stute

Durgatinaashini Durgaa

Durgatinaashini durgaa jaya jaya
Kaala vinaashini kaali jaya jaya
Umaa ramaa brahmaani jaya jaya
Raadhaa sitaa rukmini jaya jaya

Jagadambike Jaya Jaya Jaga Janani Maa

Jagadambike jaya jaya jaga janani maa
Jaya maa, jaya maa, jaya maa maa jaya maa
He maa, he maa, he maa maa, he maa

Aim Hrim Kleem Namah

Om namo chandi maataa, chandi maataa namah
Aim Hrim Klim namah

Tripura Sundari

Tripura sundari kaamaakshi maa
Tripura sundari jagajanani
He maa, he maa, he maa, he maa

Kabhi Durgaa

Kabhi durgaa banna ke, kabhi kaali banna ke
Chale aanaa maiyaa ji chale aanaa
Kabhi durgaa rupa me aanaa
Kabhi kaali rupa me aanaa, kabhi lakshmi rupa me aanaa
Kabhi chandi rupa me aanaa
Kabhi ambe rupa me aanaa

Jaya Ambe

Jaya ambe, jaya ambe, jaya ambe maa
Jagadambe, jagadambe, jagadambe maa
Jaya ambe maa, jaya jagadambe maa

Jaya Ambe Jagadambe

Jaya ambe, jagadambe
Maataa bhavaani jaya ambe

Namo Naaraayana Durga Maa

Namo naaraayana durge maa, namo naaraayana
Namo naaraayana durge maa, naaraayani maa

Om Shakti

Om shakti om, om shakti om, om shakti om, om shakti om
Om brahma om, om vishnu om, om siva om, om shakti om
Om iccha om, om kriya om, om gyana om, om shakti om

Síva

Siva Svarupa

Chamake chandaa maatha mei,
trishula biraaje haatha mei
Naaga gale siva daale hai,
jataa se gangaa dhaale hai
Baila ki savaari hai,
bhole damaru dhaari hai
Bhaanga dhaturaa vaale hai,
shankara bhole bhaale hai

Siva Ke Shringaara

Chalu dekhaba siva ke shringaara
He saheliyaan phulon se saji

Dimaka-dimaka kara damaru baaje
Thumaka-thumaka kara shambhu naache
Jataa se bahe gangaa dhaara
He saheliyaan phulon se saji . . .

Anga bhabhuta gale mundamaalaa
Nainaa ati bisaala
Baaghambara kati kachhani kaachhe
Naaga kare phuphakaara
He saheliyaan phulon se saji . . .

Nila kamala aru kantha biraaje
Tiralochana ujiyaara
Hara hara bam bam siva shankara ki
Jyoti bhai apaara
He saheliyaan phulon se saji . . .

Janma-Mrityu Santarana Mantra

Om tryambakam yajaamahe
sugandhim pushtivardhanam
Urvaarukamiva bandhanaat
Mrityormukshiya maamritaat

Chant this mantra after your daily sadhana for alleviation of sorrow and suffering and for liberation from the bondage of birth and death.

Aai Bhole Ki Baratiyaa

Aai bhole ki baratiyaa himaachala nagari.
Himaachala nagari, ho himaachala nagari.
Agavaani ki hui taiyaari,
Sajane lage baraati.
Koi chalaa hai chuhe para charha,
Koi chalaa charha haathi.
Terhi-merhi re chalaniyaa himaachala nagari.
Karana kalevaa shankara aaye,
Bhuta-preta ke sanga.
Kisi ke do sira, chaara bhujaa hai,
Peta hai jaise lotaa.
Chali-chali re baratiyaa himaachala nagari.
Paarvati ko goda mei lekara
Ro-ro nira bahaai,
Usi samaya naarada ne aakara
Sabako khuba samajhaayaa.
Hone lagi re bhaavariyaa himaachala nagari.

Siva Stuti

1. Shaantam padmaasanastham shashidharamukutam
   panchavaktram trinetram,
   Shulam vajram cha khadgam parashumabhayadam
   dakshinaange vahantam.
   Naagam paasham cha ghantaam damarukasahitam
   chaankusham vaamabhaage,
   Naanaalankaaradiptam sphatikamaninibham
   paarvatisham namaami.

2. Vande shambhumumaapatim suragurum
vande jagatkaaranam,
Vande pannagabhushanam mrigadharam
vande pashunaam patim.
Vande suryashashaankavahninayanam
vande mukundapriyam,
Vande bhaktajanaashrayam cha varadam
vande sivam shankaram.

Sri Shankara-Mangalam

Jaya jaya siva bhole bhandaari
He aashutosha, he tripuraari

Jataa-juta mei ganga viraaje,
Gale shesha ki maalaa saaje.
Eka haatha mei shula liye ho,
Duje damaru dhaari.

Patiton ko paavana karate ho,
Sukha dekara duhkha ko harate ho.
Sharanaagata hai aaja tihaari,
Meto saare sankata bhaari.

Umaa ramana karunaa ke saagara,
Naava bhavara mei hai yaha jarjara.
Paara lagaa do aakara aba tuma,
Bigara gayi hai dashaa hamaari.

Bajaave Bholaa Damaru

Bajaave, bajaave bholaa damaru dhire-dhire

Aage-aage shankara chale, pichhe-pichhe bailaa
Parvata para gauri chalata dhire-dhire
Bajaave . . .

Aage-aage raama chale, pichhe-pichhe lakshman
Bicha mei sitaa chalata dhire-dhire
Bajaave . . .

Aage-aage krishna chale, pichhe-pichhe baladev
Bicha mei raadhaa nachata dhire-dhire
Bajaave . . .

Kaashi mei gangaa bahe, mathuraa mei yamunaa
Ayodhyaa mei saraju bahata dhire-dhire
Bajaave . . .

Aage-aage guru chale, pichhe-pichhe chelaa
Bicha mei shraddhaa nachata dhire-dhire
Bajaave . . .

Siva Naama Sankirtan

Om Siva Om Siva

Om siva, om siva, paraatparam siva,
omkaaraa siva tava sharanam
Namaami shankara, bhavaani shankara,
umaa maheshvara tava sharanam

Naache Bholaa Naatha

Om dhimika-dhimika dhima, dhimika-dhimika dhima
Naache bholaanaatha, naache bholaanaatha
Mridanga bole siva siva siva om
Damaru bole hara hara hara om
Vinaa bole hari om hari om

Shambhunaatha Jaya Ho

Hari om namah sivaaya
Siva siva shankara, he parameshvara
Shambhunaatha jaya ho

Hara Hara Hara Bam Bholaa

Siva hara hara hara bam bholaa
Aaja charhegaa bhaanga kaa golaa
Siva shankara girijaa varaadani
Siva jataa ganga, vilasata bhujanga
Bhrikuti vishaala trinetra laala
Charhe burhe baila maraghata ki gaula

Bam Bam Mahaadevaa

Bam bam bam bam mahaadevaa
Hara hara hara hara sadaasivaa

Bam Bhole

Bam bam bam bam bam bhole
Raamacharita maanasa bole
Sitaa raama bolo, sitaa raama
Raadhe shyaama, bolo raadhe shyaama

Hari Om

Hari om, hari om, namah sivaaya
Namah sivaaya, namah sivaaya

Shambho Muraari

Shambho muraari, shankara muraari
Murahara phanidhara shankara muraari

Jaya Jaya Harihara

Jaya jaya harihara siva shankara
Bam bam mahaadeva siva shankara

Subramanyam Subramanyam

Subramanyam subramanyam
Shanmukha naatham subramanyam
Hara hara siva siva subramanyam
Siva siva hara hara subramanyam
Subramanyam subramanyam

Siva Siva Paramabrahma

Siva siva paramabrahma, namah sivaaya sadaasiva
Siva siva paramabrahma, namah sivaaya sadaasiva
Shambhu shankara sadaa sivaaya
Hari om hari om sadaa sivaaya

Sivaaya Parameshvaraaya

Sivaaya parameshvaraaya shashi shekharaaya namah om
Bhavaaya gunashambhavaaya siva taandavaaya namah om

Siva Shankara Shambho

He siva shankara namaami shankara
siva shankara shambho
He girijaapati bhavaani shankara
siva shankara shambho

Shambho Shankara Sadaasiva

Om namah sivaaya
Siva siva siva siva mahaadeva,
shambho shankara sadaasiva
Siva siva siva siva mahaadeva,
chandrachuraamani sadaasiva

Nataraajaa Nataraajaa

Nataraajaa nataraajaa siva siva nataraajaa
Sivaraajaa sivaraajaa nartana sundara sivaraajaa
Sivaraajaa sivaraajaa sivakaami priya sivaraajaa

Jaya Siva Shankara

Jaya siva shankara jaya siva shankara
jaya shankara bhole
Saba devon mei deva niraale jaya bam bam bhole
Jaya bam bam bhole jaya bam bam bhole
Jaya bam bam bhole

Hara Hara Bam Bam

Hara hara bam bam hara hara bam bam
Hara hara bam bam mahaadeva
Hara hara bam bam hara hara bam bam

Namah Paarvati Pataye

Namah paarvati pataye hara hara
Hara hara hara hara mahaadevaaya
Sadaa sivaaya mahaadevaaya

Jaya Shankara Kailaashapati

Jaya siva shankara kailaashapati
Jaya jaya gauri mahaapaarvati

Jayatu Sivaasiva

Jayatu sivaasiva, jaanaki raama
Jaya raghunandana, jaya siyaaraama
Dhyaana dharo hari naama
Tyaaga karo abhimaana
Taaraka naama smaranam
Taapa-traya samharanam

Jaya Bholaa Bhandaari

Jaya bholaa bhandaari siva hara
Jaya bholaa bhandaari
Jaya kailaashapati siva shankara
Santana ke hitakaari

Siva Shambhu Bhaje

Dam dam dam dam damaru baje damaru baje
Hari bholenaatha siva shambu bhaje

Mahaadeva Shambho

Siva siva siva shambho hara hara hara shambho
Mahaadeva shambho mahaadeva shambho

Sri Siva Sharanam

Sri siva sharanam namo namo
Shankara sharanam namo namo

Om Namah Sivaaya Bolo

Om namah sivaaya bolo om namah sivaaya
Siva shakti kaa mahaamantra hai mukti kaa upaaya
Om namah sivaaya bolo om namah sivaaya

Gangaadhara Siva

Siva shambhu hara hara shambhu
Bhavanaashaka kailaasha nivaasa
Paarvatipate hara pashupate
Gangaadhara siva gauripate

Gauri Shankara

Shankara shankara paarvati maheshvara
Chandramauli shankara chandrashekhara
Nandivaahana naagabhushana
Nilakantha shuladhaari gauri shankara

Vishnu

Vishnu Vandanaa

Shaantaakaraam bhujaga-shayanam
padmanaabham suresham
Vishvaadhaaram gagana-sadrisham
meghavarnam shubhaangam
Lakshmikaantam kamalanayanam
yogibhirdhyaana-gamyam
Vande vishnum bhava-bhaya-haram
sarvalokaikanaatham

Prabhu Smarana

Sumirana kara le mere manaa teri biti
umara hari naama binaa
Panchhi pankha binaa hasti danta binaa
naari purusha binaa
Jaise putra pitaa bina hinaa
vaise purusha hari naama binaa
Kupa nira binaa dhenu chhira binaa
dharati megha binaa
Jaise taruvara phala bina hinaa,
taise purusha hari naama binaa
Kaama, krodha, mada, lobha nihaaro,
chhora virodha tu santajanaa
Kahe naanaka, tu suna bhagavantaa, isa
jaga mei nahi koi apanaa

Hari Naama Ki Mahimaa

Jinake hiya mei hari naama base,
Tina aur kaa naama liyaa na liyaa.
Jinake dvaare para gangaa bahe,
Tina kupa kaa nira piyaa na piyaa.
Jina kaama kiyaa paramaaratha kaa,
Tina haatha se daana diyaa na diyaa.
Jinake ghara eka saputa bhayo,
Tina laakha kaputa bhayaa na bhayaa.
Jina maataa-pitaa ki sevaa kari,
Tina tiratha varta kiyaa na kiyaa.
'Tulasidaasa' vichaari kahe,
Kapati ko mita kiyaa na kiyaa.

Raama-Krishna-Hari

1. Raama-krishna-hari, mukunda-muraari
   Paanduranga, paanduranga, paanduranga hari
   Raama . . .

2. Makara-kundala-dhaari, bhakta-bandhu-shauri
   Muktidaataa, shaktidaataa, vitthalaa narahari
   Raama . . .

3. Dina bandhu, kripaasindhu, srihari srihari
   Paavanaanga, he kripaanga, vaasudeva hari
   Raama . . .

4. Tulasihaara kandhara, bhakta-hridaya mandira
   Mandaraadridhara mukunda, indiresha srihari
   Raama . . .

5. Jagatraya jivana, keshava naaraayana
   Maadhava janaardana, aanandaghana hari
   Raama . . .

6. Raajasa sukumaara, mohanaakaara
   Karunaasaagara, achyuta srihari
   Raama . . .

7. Pundalika varadaa, pandarinaatha shubhadaa
   Andajavaahana krishna, paanduranga hari
   Raama . . .

8. Gyaanadeva samstutaa, naamadeva kirtitaa
   Tukaaraama pujitaa, daasa keshava sannutaa
   Raama . . .

Hari Naama Sumara

Hari naama sumara sukha dhaama,
jagata mei jivana do dina kaa

Paapa kapata kara maayaa jori,
Garaba kiyaa dhana kaa.
Sabhi chhorakara chalaa musaaphir,
Vaasa huvaa bana kaa.
Jagata mei jivana . . .

Sundara kaayaa dekha lubhaayaa,
Laara kare tana kaa.
Chhuti shvaasa bikhara gai dehi,
Jyon maalaa manakaa.
Jagata mei jivana . . .

Yauvana naari lage piyaari,
Mauja kare mana kaa.
Kaala bali kaa lage tamaachaa,
Bhula jaaye thanakaa.
Jagata mei jivana . . .

Yaha samsaara sapana ki maayaa,
Melaa pala-chhina kaa.
'Brahmaananda' bhajana kara bande,
Alakha niranjana kaa.
Jagata mei jivana . . .

Rama

Parho Pothi Mei Raama

Parho pothi mei raama, likho takhti mei raama,
Dekho khambhe mei raama, hare raama raama raama.
Piyo coffee mei raama, bolo khaane mei raama,
Bolo chalane mei raama, hare raama raama raama.

Bolo paapaa se raama, bolo mammi se raama,
Bolo chaachi se raama, hare raama raama raama.

Shambo shankara hara, shambho shankara hara,
Shambho shankara hara, bam bam bam.

Bhajale Sitaaraama

Bhajale sitaaraama manavaa bhajale sitaaraama

Divasa diyaa jo hariguna gale, guru diyaa jo naama
Maata pitaa ne janma diyaa hai, rupa diyaa bhagavaan
Manavaa . . .

Raama prabhu hai antaryaami, sakala khabara ve lete
Jisane jaisaa karma kiyaa hai, vaisaa phala prabhu dete
Manavaa . . .

Larakaa janmaa paalaa-posaa, jisako dudha pilaayaa
Vo hi larakaa mare pitaa ke mukha mei aaga lagaayaa
Manavaa . . .

Ika nara bhulaa, do nara bhule, bhulaa saba samsaara
Jaanabujha kara jo nara bhule, usako naahi paara
Manavaa . . .

Svaami ji ne yoga gyaana ko, desha-desha phailaayaa
Isi yoga se saba logon ne shaanti au' sukha paayaa
Manavaa . . .

Sri Raama Ki Baala-Chhataa

Thumuki chalata raamachandra, baajata painjaniyaan

Kilakilaai uthata dhaaya, girata bhumi latapataaya,
Dhaayi maatu goda leta dasaratha ke raaniyaan

'Tulasidaasa' ati aananda, herata mukhaarabinda,
Raghuvara ki chhabi-samaana raghuvara-chhavi baaniyaan

Bhakta Kaa Mithilaa Prema

Apanaa kishori ji ke tahala bajaibai,
He hama mithile basabai
Ghara hi mei hamaraa chaaron dhaama,
He hama mithile basabai
Saaga-paata khoti-khoti divasa gavaibai,
He hama mithile basabai
Hamaraa na chaahi sukha aaraama,
He hama mithile basabai
Aagu-aagu jhaari-jhaari phulavaa bichhaibai,
he hama mithile basabai
Taahi para chalathina sitaa raama,
he hama mithile basabai
Siyaa ke charana dhari sarvasa banaibai,
He hama mithile basabai
Siyaa-siyaa ratabai aathon yaama,
He hama mithile basabai

Raama Bhajo Ji

Jisa haala mei, jisa chaala mei, jisa dhaala mei raho
Jisa sanga mei, jisa ranga mei, jisa dhanga mei raho

Jisa bhoga mei, jisa roga mei, jisa yoga mei raho
Jisa kaama mei, jisa dhaama mei, jisa graama mei raho

Jisa haala mei, jisa desha mei, jisa vesha mei raho
Raama bhajo, raama bhajo, raama bhajo ji

Raadhe krishna govinda gopaala bhajo ji

Darshana Ki Aradaasa

Darshana do ghanashyaama raama,
Meri ankhiyan pyaasi re
Mana-mandira ki jyoti jagaa do,
Ghata-ghata vaasi re

Mandira-mandira murata teri,
Phira bhi na dekhi surata teri
Yuga beete, na aai milana ki
Puranamaasi re

Dvaara dayaa kaa jaba tu khole,
Panchama sura mei gungaa bole
Andhaa dekhe, langaraa chala kara
Pahunche kaashi re

Paani pikara pyaasa bujhaaun,
Nayanon ko kaise samajhaaun
Aankha-michauni aba to chhoro,
Mana ke vaasi re

Sitaa Raama

Meri patiyaa pai likha do – sitaaraama
Meri chutiyaa pai likha do – sitaaraama
Meri aankhen dekhe – sitaaraama
Mere kaana suna lei – sitaaraama
Mere tana pai likha do – sitaaraama
Mere mana pai likha do – sitaaraama
Meri dholaka bole – sitaaraama
Sitaaraama jai sitaaraama,
raadheshyaama jai radheshyaama
Prema se bolo – sitaaraama
Haradama bolo – sitaaraama

Parama Mantra Raama Naama

Prema mudita mana se kaho raama raama raam,
Kaho raama raama raam.
Paapa kate duhkha mite leke raama naam,
Bhava samudra sukhada naava, eka raama naam.
Kaho raama raama raam . . .

Parama shaanti sukha nidhaana eka raama naam,
Niraadhaara ko aadhaara eka raama naam.
Kaho raama raama raam . . .

Parama gupta, parama ishta mantra raama naam,
Santa hridaya sadaa basata eka raama naam.
Kaho raama raama raam . . .

Mahaadeva satat japata divya raama naam,
Kaashi marata mukta karata, kahata raama naam.
Kaho raama raama raam . . .

Maataa-pitaa bandhu sakhaa saba hi raama naam,
Bhakta janana jivana-dhana eka raama naam.
Kaho raama raama raam . . .

Raama Jinakaa Naama Hai

Raama jinakaa naama hai, ayodhyaa jinakaa dhaama hai,
Aise raghunandana ko, hamaaraa bhi pranaama hai.

Gopaala jinakaa naama hai, gokula jinakaa dhaama hai,
Aise yoga daataa ko, hamaaraa bhi pranaama hai.

Shankara jinakaa naama hai, kaashi jinakaa dhaama hai,
Aise muktidaataa ko, hamaaraa bhi pranaama hai.

Sivananda jinakaa naama hai, rishikesha jinakaa dhaama hai,
Aise bhakti daataa ko, hamaaraa bhi pranaama hai.

Satyananda jinakaa naama hai, rikhiyaa jinakaa dhaama hai,
Aise jivanamukta ko, hamaaraa bhi pranaama hai.

Raama Ratana Dhana Paayo

Paayo ji maine raama-ratana dhana paayo.

1. Vastu amolaka di mere sadaguru,
   Kirapaa kara apanaayo
2. Janama janama ki punji paai,
   Jaga mei sabhi khovaayo.
3. Kharachai na khutai, chora na lutai,
   Dina dina barhata savaayo.
4. Sata ki naava, khevatiyaa sadaguru,
   Bhavasaagar tara aayo.
5. Miraa ke prabhu giridhara naagara,
   Harakha harakha jasa gaayo.

Raama Milana Ki Chaaha

Mujhe raama milana ki chaaha lagi.

Mana ko chhoraa tana ko chhoraa,
chhoraa sakala samsaara ko.
Jaagrata svapna sushupti bedhaa,
ajahun na paayaa raama ko.
Mujhe raama milana . . .

Mauna mei dhundhaa, vrata mei dhundhaa, dhundhaa
pothi shaastra mei.
Kaashtha mauna saadha ke dekhaa,
ajahun na paayaa raama ko.
Mujhe raama milana . . .

Aasana baithaa shvaasa charhaayaa,
saptaka taara milaayaa.
Bhrikuti mei dhyaana jamaayaa,
ajahun na paayaa raama ko.
Mujhe raama milana . . .

Chhaayaa mei dhundhaa kaayaa mei dhundhaa,
dhundhaa traataka dhyaana mei.
Ghara ghara dhundhaa vana vana dhundhaa,
ajahun na paayaa shyaama ko.
Mujhe raama milana . . .

Kali Santarana Mantra

Hare raama hare raama, raama raama hare hare
Hare krishna hare krishna, krishna krishna hare hare

Chant this mantra after your daily worship for purity, strength and divine grace.

Raama Naama Mahimaa

Binaa raama kaa bhajana kiye,
paayaa kisane aaraama kaho
Raama kaho sri raama kaho,
raama kaho sri raama kaho

Raama naama anamola ratana hai,
guntha gale daalo maalaa
Hiya kaa andhakaara harane ko,
maartanda sama ujiyaalaa

Raama naama mani vishaya-vyaala kaa,
roga shoka harane vaalaa
Nirbala ke bala nirdhana ke dhana,
niraadhaara kaa rakhavaalaa

Sukha mei duhkha mei laabha-haani mei,
sadaa subaha aru shaama kaho
Raama kaho sri raama kaho,
raama kaho sri raama kaho

Raama naama bala paakara siva ne,
kaala kuta visha paana kiyaa
Vaalmiki ghatayoni vibhishana,
saphala janama hanumaana kiyaa

Raama naama bala prahlaada, narasimha
rupa bhagavaan liyaa
Gaja-ganikaa aura drupada-sutaa ko
mahaa vipada se traana diyaa

Tana se kaama karo au' nishidina
mana se aathon yaama kaho
Raama kaho sri raama kaho,
raama kaho sri raama kaho

'Ra' kahate kata jaata hridaya se
kali kalmasha-santaapa sabhi
Deta 'ma' kaara na aavana hiya mei,
paapa vikaara vichaara kabhi

'Ra' ravi 'ma' mayanka mahimaamaya,
kara ke dekho jaapa kabhi
Saba mantron kaa bija mantra hai,
lage na isase paapa kabhi

Ramaa jagat ke roma-roma mei,
yuga akshara satanaama kaho
Raama kaho sri raama kaho, raama kaho
sri raama kaho

Raama vimukha raavana ke ghara mei,
koi na rovanahaara rahaa
Kumbhakarana aura meghanaada kaa,
saaraa bala bekaara rahaa

Dhana jana vipula baraai vaibhava,
jinakaa aparampaara rahaa
Raama naama sata rahaa anta mei,
khaali haatha pasaara gahaa

Yaato nishidina raama kaho,
yadi chaaho vishraama karo
Raama kaho sri raama kaho, raama kaho
sri raama kaho

Raama Milana

Raama se koi milaa de mujhako,
Raaha se koi lagaa de mujhako.
Bina laathi kaa nikalaa andhaa,
Raaha se koi lagaa de mujhako.

Koi kahe vaha base avadha mei,
Koi kahe vrindaavana mei.
Koi kahe biratha mandira mei,
Koi kahe milate mana mei.

Koi aisi jyoti jalaa de,
Shraddhaa-jyoti jale mujhame.
Bhakti-jyoti jale mujhame,
Gyaana ki jyoti jale mujhame.

Raama Rakshaa Stotra

Aapadaamapahartaaram daataaram sarvasampadaam.
Lokaabhiraamam sriraamam bhuyo bhuyo namaamyaham.

Raamo raajamanih sadaa vijayate raamam ramesham bhaje
Raamenaabhihataa nishaacharachamu raamaaya tasmai namah.

Raamaannasti paraayanam parataram raamasya daaso'smyaham
Raame chittalayah sadaa bhavatu me bho raama maamuddhara.

Chant these potent mantras every morning for the destruction of obstacles and acquisition of unshakeable faith and devotion towards Lord Rama

Raama Dayaalaa

Raama dayaalaa, hari krishna dayaalaa
Krishna dayaalaa, hari raama dayaalaa

Pinjare Vaali Mainaa

Pinjare vaali mainaa, bhajo na sitaa raama raama
Bhajo na sitaa raama raama,
Bhajo na raadhe shyaama shyaama

Teri Mahimaa Nyaari

Bhajo naaraayana naraayaana hari hari
Teri mahimaa teri mahimaa
Teri mahimaa nyaari nyaari

Jaya Astu Jaya He

Jaya astu jaya he, jaya raghunandana
Vitthala vitthala vitthala, paanduranga vitthala

Naaraayana Om

Naaraayana naaraayana naaraayana om
Naaraayana om naaraayana om

Raama Lakshmana Jaanaki

Raama lakshmana jaanaki, jaya bolo hanumaana ki

Raama Kaho

Raama kaho, sri raama kaho
Raama kaho, sri raama kaho

Allaaha Tuma Ho, Ishvara Tuma Ho

Allaaha tuma ho, ishvara tuma ho
Tumhi ho raama rahima, tumhi ho raama rahima
Mere raama mere raama raama rahima,
Mere raama mere raama raama rahima

Ayodhyaavaasi Raama

Ayodhyaavaasi raama, dasharatha nandana raama
Patita paavana jaanaki jivana sitaa mohana raama
Jaya jaya raama raama raama
Sitaa raama raama raama
Jaya jaya raama raama raama
Sitaa raama raama raama

Hare Muraare Raama Raama

Hare muraare raama raama, hare muraare raama
Parama sumangala raama raama,
Parama sumangala raama
Sri raama jaya raama jaya jaya raama,
Raghupati raaghava raama
Parama sumangala raama raama,
Parama sumangala raama

Srimana Naaraayana

Srimana naaraayana naaraayana naaraayana
Bhaja mana naaraayana naaraayana naaraayana
Lakshmi naaraayana . . . ganga naaraayana . . .
hara hara naaraayana
Bam bam naaraayana . . . siva naaraayana . . .
jaya jaya naaraayana . . .

Sri Raghunatha Jaya Raghunatha

Sri raghunatha jaya raghunatha
Sharanam sharanam sri raghunatha
Sri rama jaya rama jaya jaya rama

Bolo Srirama

Bolo tu bolo tu bolo srirama bolo srirama
Mithe-mithe nama pyare pyare nama
Mitha hai pyara hai hari prabhu ka nama

Sitaa Vallabha Sundara Raama

Sitaa vallabha sundara raama, jaanaki jivana raajaa raama
Dasharatha nandana jaya jaya siyaaraama,
Raghukula bhushana raajaa raama

Sitaa-Raama Manohara Jori

Sitaa-raama manohara jori
Dasharatha nandana janaka dulaari

Sitaa Raama Kaho

Sitaa raama kaho, raadhe shyaama kaho
Sitaa raama binaa sukha sapanaa nahi
Raadhe shyaama binaa koi apanaa nahi
Sitaa raama . . .
Sitaa raama binaa uddhaara nahi
Raadhe shyaama binaa beraa paara nahi
Sitaa raama . . .

Raama Raama Kaho

Raama raama kaho baarambaara,
Chakra sudarshana hai rakhavaara
Jaya hari naaraayana govindam,
Jaya guru naaraayana govindam

Raghupati Raaghava

Raghupati raaghava raajaa raama
Patita paavana sitaa raama
Sitaa raama sitaa raama
Bhaja mana pyaare sitaa raama

Om Naaraayana

Om naaraayana om naaraayana om naaraayana aanandam
Hari naaraayana hari naaraayana vishnu naaraayana aanandam

Aatmaaraamaa Aanandanaamaa

Atmarama anandanama
Anandamohana sri paramadhama
Nayanabhirama manasa prema
Sukumara rama sundara nama

Ayodhyavasi Sri Ramachandra

Hari narayana hari narayana hari narayana
Ayodhyavasi sri ramachandra anandarupa
Jaya jaya rama

Krishna

Krishna Kanhaai

Come here my dear krishna kanhaai
Maine tere lie hridaya andara *building* banaai.

For you my dear khaanaa banaayaa,
Butter mishri, dudha, dahi, khuba mangaayaa,
So much delay, so much delay tumane lagaai,
Maine tere lie hridaya andara *building* banaai.

Remembering every day aansu bahaaun,
Come to house my dear, aarati dikhaaun,
Why far, why far rahe kanhaai!
Maine tere lie hridaya andara *building* banaai.

Bhajana Binaa Nara Phiko

1. Mohi laage vrindaavana niko
   Ghara-ghara tulasi thaakura sevaa,
   darshana govinda ji ko

2. Nirmala nira bahata yamunaa mei,
   bhojana dudha dahi ko
   Ratana simhaasana aapa viraajen,
   mukuta dharyo tulasi ko

3. Kunjana-kunjana phirata raadhikaa,
   sabada sunata murali ko
   Miraa ke prabhu giradhara naagara,
   bhajana binaa nara phiko

Bhakti Gita

Baandhaa thaa draupadi ne tumhe eka taara mei
Kubjaa ne tujhe baandha liyaa pushpa haara mei

Do mutthi chaavalon mei sudaamaa se bandha gaye
Shabari ne tujhe baandha liyaa bera chaara mei

Ganikaa ne suge ko parhaa baandhaa thaa tumhin ko
Kevata ne tumhe baandha liyaa pada pakhaara ke

Una baanaron ki thori-si sevaa mei bandha gaye
Baandhaa gajendra ne tumhe eka hi guhaara mei

Kuchha chhaachha ki chhachhiyon mei gopiyon se
bandha gaye
Mithilaaniyon se bandha gaye gaali hajaara mei

Jaya Krishna Hare

Jaya krishna hare gopaala hare
Jaya jaya prabhu dindayaala hare

Raghunandana kaushala chanda hare
Jaya raama hare sukhadhaama hare

Jagadisha sachchidaananda hare
Jaya raama hare bhagavaana hare

Jaya krishna hare govinda hare
Jaya jaya giradhara gopaala hare

Mana mohana sundara shyaama hare
Raghunandana sitaaraama hare

Govinda hare sri mukunda hare
Chitachora yashodaa laala hare

Sri kumvara kanhaiyaa shyaama hare
Nirbala ke bala siyaaraama hare

Aanaa Sundara Shyaama

Aanaa sundara shyaama, hamaare hari-kirtan mei

Aapa bhi aanaa, raadhaa ko laanaa,
Sundara darshana karaanaa, hamaare hari kirtan mei

Aapa bhi aanaa, gopiyan ko laanaa,
Sundara raasa rachaanaa, hamaare hari-kirtan mei

Aapa bhi aanaa, gitaa ko laanaa,
Sundara vachana sunaanaa, hamaare hari-kirtan mei

Bhajo Re Mana Govindaa

Natavara naagara nandaa,
bhajo re mana govindaa
Tu hi natavara, tu hi naagara,
tu hi baala mukundaa
Saba devana mei krishnaji bare hai,
jaise taaron bicha chandaa
Saba sakhiyana mei raadhaaji bari hai,
jaise nadiyon bicha gangaa
Dhruva taare prahlaada ubaare,
narasimha rupa dharantaa
Vrindaavana mei raasa rachaayo,
naachata baala mukundaa
Miraa ke prabhu giradhara naagara,
kaato yama kaa phandaa

Shyaama Nikasa Gaye

Mai na lari thi, shyaama nikasa gaye.
Naa mai boli, naa mai chaali,
Taana dupattaa soi pari thi.
Dasa daravaaje banda kara soi,
Na jaanum koi khiraki khuli thi.
Paancha sakhi mori sanga ki saheli,
Unase puchho, kuchha na kahi thi.
Kahata kamaali kabira ki beti,
Isa byaahe se kuvaari bhali thi.

Dekhataa Jaa Rahaa Hun

Mai ghanashyaama ko dekhataa jaa rahaa hun
Usi ki jhalaka para khinchaa jaa rahaa hun

Lutaataa hai vaha mai lutaa jaa rahaa hun
Mitaataa hai vaha mai mitaa jaa rahaa hun

Khabara kuchha nahi hai kahaa jaa rahaa hun
Bulaataa hai vaha mai chalaa jaa rahaa hun

Muhabbata ranga me ranga jaa rahaa hun
Nigaahon mei usaki bahaa jaa rahaa hun

Pataa prema ke sindhu kaa paa rahaa hun
Ki eka 'bindu' mei hi bahaa jaa rahaa hun

Dulaho Nandakumaara

Dulahina jaaki raadhaa raani
Dulaho nandakumaara
Raadhe, dulaho nandakumaara . . .

Ataki pataki lutiyaa jhataki
Baha gayi dudhiyaa dhaara,
Raadhe, dulaho nandakumaara . . .

Ankhiyaan atakin latake jhataki
Chhera dai murali ki taana,
Raadhe, dulaho nandakumaara . . .

Aba vrindaavana me basyo
Raadhe krishna muraari
Antima aashaa purna karo
Aapa hi hau karataara,
Raadhe, dulaho nandakumaara . . .

Sharanaagati Kaa Aananda

Thaakura tuma sharanaai mai aayaa.
Utara gayo mere mana kaa samshaya,
Jaba te darshana paayaa.
Thaakura . . .

Anabolata mori birathaa jaani,
Apanaa naama japaaiyaa.
Duḣkha kaate sukha sahaja samaaye,
Ananda ananda guna gaaiyaa.
Thaakura . . .

Baanha pakara kari line apani,
Griha andha-kupa te laaiyaa.
Kaha 'naanaka' guru bandhana kaate,
Bichharata aana milaaiyaa.
Thaakura . . .

Haaya Udho . . .

Haaya udho hame bataa do
Yoga se kyaa viyoga kama hai

Yogi pahane range kapare
Viyogiyon ke hridaya kaphana hai
Haaya udho . . .

Yogi ramate tana mei bhasami
Viyogiyon ke hridaya bhasama hai
Haaya udho . . .

Yogiyon ki bana mei kutiyaa
Viyogiyon kaa chhutaa badana hai
Haaya udho . . .

Meri Praarthanaa

Govinda meri yaha praarthanaa hai
Bhuloo na mai naama kabhi tumhaaraa.
Ye naama tere dina raata gaaun
Govinda daamodara maadhaveti.
He krishna, he yaadava, he sakheti.

Dehaanta kaale tuma saamane ho,
Vanshi bajaate mana ko lubhate.
Gaate yahi naama tana Naatha! tyaagun
Govinda daamodara maadhaveti.
He krishna, he yaadava, he sakheti.

Pyaare jaraa to mana mei vichaaro,
Kyaa saatha laaye aru le chaloge?
Jaaye yahi saatha sadaa tumhaare,
Govinda daamodara maadhaveti.
He krishna, he yaadava, he sakheti.

Naari dharaa-dhaama suputra pyaare,
Kalatra sadbaandhava mitra saare.
Koi na saathi hari ko pukaaro
Govinda daamodara maadhaveti.
He krishna, he yaadava, he sakheti.

Naataa bhalaa kyaa jaga se hamaaraa
Aaye yahaa kyon kara kyaa rahe hai?
Socho vichaaro hari ko pukaaro
Govinda daamodara maadhaveti.
He krishna, he yaadava, he sakheti.

Sachche sakhaa hai hari hi hamaare
Maataa-pitaa shila subandhu pyaare.
Bhulo na bhaai dina-raata gaao
Govinda daamodara maadhaveti.
He krishna, he yaadava, he sakheti.

Jaya Raadhe

Jaya raadhe raadhe raadhe,
Jaya jaya jaya sri raadhe.

1. Jamunaa tata pe, banshi vata pe
   Shyaama jape raadhe raadhe.
   Jaya raadhe . . .
2. Raadhaa kunda pe shyaama kunda pe
   Shyaama jape raadhe raadhe
   Jaya raadhe . . .
3. Dhira samire yamunaa tire
   Shyaama jape raadhe raadhe
   Jaya raadhe . . .
4. Vrindaavana ki kunja galina mei
   Shyaama jape raadhe raadhe
   Jaya raadhe . . .

Jaga Mei Sundara Hai Do Naama

Jaga mei sundara hai do naama,
chaahe krishna kaho yaa raama

Eka hridaya mei prema barhaave
Eka paapa ke taapa hataave
Dono sukha ke saagara hai,
dono hai puranakaama
Chaahe . . .

Maakhana vraja mei eka churaave
Eka bera shabari ghara khaave
Prema bhaava se kare anokhe
dono ke hon kaama
Chaahe . . .

Eka krishna paapi samhaare
Eka dushta raavana ko maare
Dono hai bala ke dhaama
Chaahe . . .

Bhakta Ki Pukaara

Aao mere vrindaavana mei, shyaama banshidhaari
Dera lagi kyon, raadhaa baithi aura sabhi brajanaari

Raama krishna to eka hi hai, bhakti se mila jaave
Koi kahata hai 'sitaaraama', koi japata 'muraari'
Aao mere . . .

Miraa ke prabhu giradhara naagara, baara-baara
bali jaaun
Parama sanehi aao mere, duhkha mei he giradhaari
Aao mere . . .

Maakhana Chora

Gorasa mei chhakaa jo rahataa hai,
Gorasa kaa churaanaa kyaa jane.
Naadaana kanhaiyaa meraa hai,
Vo dhum machaanaa kyaa jaane.

Gopiyaan ulaahanaa laai ho,
Kyaa jaane kisaki bahakaai ho.
Tuma si chatura gujariyon ki,
Dadhi luta ke khaanaa kyaa jaane.
Gorasa mei . . .

Jaba ghara hi mei vo rahataa hai,
Taba barajori vo karataa hai.
Baali umara hai mohana ki,
Jhagare kaa machaanaa kyaa jaane?
Gorasa mei . . .

Puchhate Ho Kanhaiyaa Kahaa Hai

Puchhate ho kanhaiyaa kahaa hai,
kahi gauen charaate milenge
Puchhate ho kanhaiyaa kahaa hai,
kahi raasa rachaate milenge
Yaa kisi vriksha ke niche baithe,
apani vanshi bajaate milenge

Chaandani raata yamunaa ke tata para raasa
honge rachaate muraari
Yaa kahi rupa apanaa badalakara,
raadhikaa ko rijhaate milenge
Raadhikaa ko rijhaate milenge

Shaayada draupadi ne hogaa bulaayaa,
khinchataa hogaa saari duhshaasana
Taba to nishchaya hi kaurava sabhaa mei,
shyaama saari barhaate milenge
Shyaama saari barhaate milenge

Unako dhundho kurukshetra mei jaa,
bhrama mei arjuna pare hon na shaayada
Roka kara usa dhananjaya ko mohana,
gyaana gitaa sunaate milenge
Gyaana gitaa sunaate milenge

Unako dhundhoge chanchala kahaa taka,
apane mana ko jaraa tuma tatolo
Prema mei hi kanhaiyaa base hai,
prema hai to bulaate rahenge
Prema hai to bulaate rahenge

Raasapanchaadhyaayi

Naachata sudhanga
Srinandana vrindaavana yamunaa tata,
Amita mana-matha-bhaya-vimardana
Saghana kunjana manju abhinava jalada sundara anga.
Naachata sudhanga . . .

Tana dipta daamina duri kaari
Mukha sudhaakara bhaana haari,
Kutila bhrikuti kutaaksha samyukta, chapala naina kuranga,
Naachata sudhanga . . .

Sangita ughatita madhura pikarava
Gaavata yasha naarada adbhuta.
Chalata nupura kinkini kati, bajata subhaga mridanga,
Naachata sudhanga . . .

Sanga gopiyana ke bicha thirakata
Bhushana mani mei kirana jhalakata,
Chalata kundala ganda mandita, subhaga vasana suranga,
Naachata sudhanga . . .

Bichabicha biraajita shyaama bichabicha
Taruni sohata gaura chhavi bhaano,
Nila kamala suvarna ketika, maala rachita ananga,
Naachata sudhanga . . .

Tattatthaa diga diga dimiki dimi
Jhaanjha gini gina gina thei tatheitaa,
Gagana purita shabda chhana chhana,
tatthaa dhidhi dhudhu dhangah
Naachata sudhanga . . .

Karataala aura manjira baansuri
Bhuraja bina rabaaba dhakkaa,
Dampha huduka upanga jhanjhari, khanjhari murachanga,
Naachata sudhanga . . .

Sura nara bimaanana charhe brahmaa, rudra naarada thakita pulakita,
'Sura' ke jaya jaya jayati, jaya jayati navala tribhanga,
Naachata sudhanga . . .

Shyaama Rasiyaa

Shyaama rasiyaa mero mana basiyaa
Ruchi-ruchi bhoga lagaao rasiyaa

Shabari ke bera sudaamaa ke tandula
Prema se bhoga lagaao rasiyaa
Ruchi-ruchi . . .

Duryodhana ke mevaa tyaago
Saaga vidura ghara khaayo rasiyaa
Ruchi-ruchi . . .

Aiso bhoga lagaavo rasiyaa
Saba amrita ho jaaye rasiyaa
Ruchi-ruchi . . .

Jo koi isa bhoga ko paave
So tero ho jaae rasiyaa
Ruchi-ruchi . . .

Miraa ke prabhu giradhara naagara
Aake darasa dikhaao rasiyaa
Ruchi-ruchi . . .

Krishna Govinda Gaate Chalo

Krishna govinda gopaala gaate chalo
Mana ko vishayon ke visha se hataate chalo
Krishna govinda . . .

Dekhanaa indriyon ke na ghore bhage
Inako samyama ke dina raata kore lage
Apane ratha ko supatha para chalaate chalo
Krishna govinda . . .

Kaama karate raho naama japate raho
Krishna pyaare kaa tuma dhyaana dharate raho
Paapa ki vaasanaaye mitaate chalo
Krishna govinda . . .

Yaada aavenge unako kabhi naa kabhi
Denge darshana ve aake kabhi naa kabhi
Aisaa vishvaasa mana mei jamaate chalo
Krishna govinda . . .

Naama japa-japa ke bhakton ne paai gati
Isi se sabhi ne hai kee veenati
Krishna pyaare ko mana mei rijhaate chalo
Krishna govinda . . .

Hari Naama Hi Sahaaraa Hai

Govinda meri yaha praarthanaa hai,
bhulun na mai naama kabhi tumhaaraa
Ye naama tere dina-raata gaaun,
govinda daamodara maadhaveti
Govinda daamodara maadhaveti,
he krishna, he yaadava, he sakheti

Dehaantkaale tuma saamane ho,
vanshi bajaate mana ko lubhaate
Gaate yahi mai tana naatha! Tyaagun,
govinda daamodara maadhaveti
Govinda daamodara maadhaveti,
he krishna, he yaadava, he sakheti

Pyaare jaraa to mana mei vichaaro,
kyaa saatha laye aru le chaloge
Jaaye yahi saatha sadaa tumhaare,
govinda daamodara maadhaveti
Govinda daamodara maadhaveti,
he krishna, he yaadava, he sakheti

Naari dharaa-dhaama suputra pyaare,
kalatra sadbaandhava mitra saare
Koi na saathi hari ko pukaaro,
govinda daamodara maadhaveti
Govinda daamodara maadhaveti,
he krishna, he yaadava, he sakheti

'Naataa bhalaa kyaa jaga se hamaaraa?
Aaye yahaa kyon kara kyaa rahe hai?'

Socho-vichaaro hari ko pukaaro,
govinda daamodara maadhaveti
Govinda daamodara maadhaveti,
he krishna, he yaadava, he sakheti

Sachche sakhaa hai hari hi hamaare,
maataa-pitaa 'shila' subandhu pyaare
Bhulo na bhaai dina-raata gaao,
govinda daamodara maadhaveti
Govinda daamodara maadhaveti,
he krishna, he yaadava, he sakheti

Maataa yashodaa hari ko jagaave,
jaago, utho mohana naina kholo
Dvaare khare gopa bulaa rahe hai,
govinda daamodara maadhaveti
Govinda daamodara maadhaveti,
he krishna, he yaadava, he sakheti

Gopi dahi-chhaachha bilo rahi hai,
mithaa kare shabda baraa mathaani
Gaati mathaani sanga naari saari,
govinda daamodara maadhaveti
Govinda daamodara maadhaveti,
he krishna, he yaadava, he sakheti

Le le karon mei nija pinjaron ko,
koi parhaati shuka saarikaa ko
Gaate yahi hai shukasaarikaa bhi,
govinda daamodara maadhaveti
Govinda daamodara maadhaveti,
he krishna, he yaadava, he sakheti

Baithi liye hai duhani anokhi,
godugdha kaarhe abalaa naveli
Godugdhadhaaraa sanga gaa rahi hai,
govinda daamodara maadhaveti
Govinda daamodara maadhaveti,
he krishna, he yaadava, he sakheti

Maalaa rahi guntha suvaama koi,
le goda baithi apane lalaa ko
Gaa-gaa sunaati nija baalakon ko,
govinda daamodara maadhaveti
Govinda daamodara maadhaveti,
he krishna, he yaadava, he sakheti

Dhoye kisi ne mukha baalakon ke,
le goda mei pyaara kare dulaare
He laala, gaao tuma sanga mere,
govinda daamodara maadhaveti
Govinda daamodara maadhaveti,
he krishna, he yaadava, he sakheti

Koi jagaati nija laala ko hai,
Jaago dulaare! Tuka naina kholo
Ye naama bolo hari ke salone,
govinda daamodara maadhaveti
Govinda daamodara maadhaveti,
he krishna, he yaadava, he sakheti

Koi naveli pati ko jagaave,
Praanesha! jaago, aba ninda tyaago
Belaa yahi hai hari gita gaao,
govinda daamodara maadhaveti
Govinda daamodara maadhaveti,
he krishna, he yaadava, he sakheti

Kaasaara ke madhya lalaa! Viloko,
kaise manohaari saroja phule
Baithe sabhi mei ali gaa rahe hai,
govinda daamodara maadhaveti
Govinda daamodara maadhaveti,
he krishna, he yaadava, he sakheti

Dekho pankheru taru-daaliyon mei,
gaate suhaate madhura svaron mei
Patte hatheli mridu hai bajaate,
govinda daamodara maadhaveti
Govinda daamodara maadhaveti,
he krishna, he yaadava, he sakheti

Aakaasha ke bicha vihangamaalaa,
aanandamagnaa hari-naama mattaa
Unche svaron se nabhamadhya gaatin,
govinda daamodara maadhaveti
Govinda daamodara maadhaveti,
he krishna, he yaadava, he sakheti

Jaage pujaari hari mandiron mei,
jaake jagaate hari ko sabhi yon
He shila sindho! Aba netra kholo,
govinda daamodara maadhaveti
Govinda daamodara maadhaveti,
he krishna, he yaadava, he sakheti

Dhanyaa sabhi hai braja gopikaaei,
gaatin sadaa jo hari naama pyaaraa
Go dohate bhi yaha gita gaatin,
govinda daamodara maadhaveti
Govinda daamodara maadhaveti,
he krishna, he yaadava, he sakheti

Le haatha mei musala okhali mei,
hai kutati dhaana suvaama koi
Hai tutataa taara kabhi nahi ye,
govinda daamodara maadhaveti
Govinda daamodara maadhaveti,
he krishna, he yaadava, he sakheti

Daali mathaani dadhi mei kisi ne,
hai dhyaana aayaa dadhi-chora kaa hi
Gadgad huaa kantha pukaarati hai,
govinda daamodara maadhaveti
Govinda daamodara maadhaveti,
he krishna, he yaadava, he sakheti

Hai lipati aangana naari koi,
govinda aave, mama geha khele
Dhyaanastha ye hi pada gaa rahi hai,
govinda daamodara maadhaveti
Govinda daamodara maadhaveti,
he krishna, he yaadava, he sakheti

Soyaa kisi kaa suta paalane mei,
dori karon se jaba khinchati hai
Gaati yahi hai hari prema-mattaa,
govinda daamodara maadhaveti
Govinda daamodara maadhaveti,
he krishna, he yaadava, he sakheti

Royaa kisi kaa jaba laala pyaaraa,
ho prema magnaa usane pukaaraa
Rovo na gaao tuma sanga mere,
govinda daamodara maadhaveti
Govinda daamodara maadhaveti,
he krishna, he yaadava, he sakheti

Jhaari uthaai kara mei kisi ne,
dhoti rasoi mana mei vichaare
Gopaala ji mei ham gita gaave,
govinda daamodara maadhaveti
Govinda daamodara maadhaveti,
he krishna, he yaadava, he sakheti

Koi naveli ghara ko buhaare,
gopaala ko hi mana mei nihaare
Aananda se 'shila' yahi pukaare,
govinda daamodara maadhaveti
Govinda daamodara maadhaveti,
he krishna, he yaadava, he sakheti

Dekho jahaa bhi yaha dikhataa hai,
socho jaraa bhi yaha sujhataa hai
Sarvatra ye hi svara gunjataa hai,
govinda daamodara maadhaveti
Govinda daamodara maadhaveti,
he krishna, he yaadava, he sakheti

Raakesha taaraagana bhaanu vidyuta,
shyaama chhataaye jala-bindu saare
Aakaasha mei ye dhvani hai lagaate,
govinda daamodara maadhaveti
Govinda daamodara maadhaveti,
he krishna, he yaadava, he sakheti

Pakshi anekon nabhamadhya jaate,
kaisi sudhaa ki jhariyaan lagaate
Mithe svaron mei hari gita gaate,
govinda daamodara maadhaveti
Govindadaamodara maadhaveti,
he krishna, he yaadava, he sakheti

Srotasvini ke kalanaada madhye,
uttunga-shailaagra-jala prapaate
Hai shabda ye hi shruti madhya aate,
govinda daamodara maadhaveti
Govinda daamodara maadhaveti,
he krishna, he yaadava, he sakheti

Graamon gharon mei, vana nirjharon mei,
attaalikaaon kutiyaa gharon mei
Hai gunjate naama yahi sabhi mei,
govinda daamodara maadhaveti
Govinda daamodara maadhaveti,
he krishna, he yaadava, he sakheti

Vaarisha ki premamayi tarange,
bhaavon ki ye bhaava bhari umange
Sanketa dvaaraa dina-raata gaati,
govinda daamodara maadhaveti
Govinda daamodara maadhaveti,
he krishna, he yaadava, he sakheti

Dinon, anaathon, daliton, kshudhaarton,
sarvasvahinon ramanivihinon
Ke chitta mei bhi yaha yaada aati,
govinda daamodara maadhaveti
Govinda daamodara maadhaveti,
he krishna, he yaadava, he sakheti

Vidyaanuraagi nija pustakon mei,
arthaanuraagi dhanasanchayon mei
Ye hi niraali dhvani dhundhate hai,
govinda daamodara maadhaveti
Govinda daamodara maadhaveti,
he krishna, he yaadava, he sakheti

Dehaatmavaadi, paramaanuvaadi,
saamraajyavaadi atha saamyavaadi
Gaate yahi hai mana maara saare,
govinda daamodara maadhaveti
Govinda daamodara maadhaveti,
he krishna, he yaadava, he sakheti

Sadgrantha, shaddarshana, veda chaaron,
injeela dekho kuravaan vichaaro
Paao sabhi mei yaha mantra pyaare,
govinda daamodara maadhaveti
Govinda daamodara maadhaveti,
he krishna, he yaadava, he sakheti

Bhaashaa vibhinnaa paripaati bhinnaa,
hai bhinna pujaa para bhaava dujaa
Dekho kahi naa, saba dharma gaate,
govinda daamodara maadhaveti
Govinda daamodara maadhaveti,
he krishna, he yaadava, he sakheti

Yogi yati taapasa saadhu saare,
pyaare binaa jo dukhiyaa bichaare
Ekaanta mei 'shila' yahi pukaare,
govinda daamodara maadhaveti
Govinda daamodara maadhaveti,
he krishna, he yaadava, he sakheti

Govinda sadyo bahumoda kaari,
jo stotra gaave purato muraari
Premnaa prabhaate'chala bhakti paave,
govinda daamodara maadhaveti
Govinda daamodara maadhaveti,
he krishna, he yaadava, he sakheti

Ho ke sadaa tushta kare baseraa,
jo gaana ko hai karataa baseraa
Gehe'chalaake sahamoda dete,
govinda daamodara maadhaveti
Govinda daamodara maadhaveti,
he krishna, he yaadava, he sakheti

Sunaa Jaa Shyaama Re

Sunaa jaa, sunaa jaa, sunaa jaa shyaama re
Vo gitaa vaalaa gyaana sunaa jaa shyaama re

Dikhaa jaa, dikhaa jaa, dikhaa jaa shyaama re
Vo maadhuri ki murti dikhaa jaa shyaama re

Pilaa jaa, pilaa jaa, pilaa jaa shyaama re
Vo prema bharaa pyaalaa pilaa jaa shyaama re

Lagaa jaa, lagaa jaa, lagaa jaa shyaama re
Meri naiyaa ko paara lagaa jaa shyaama re

Khilaa jaa, khilaa jaa, khilaa jaa shyaama re
Maakhana-misari khilaa jaa shyaama re

Bajaa jaa, bajaa jaa, bajaa jaa shyaama re
Vo mohaka murali bajaa jaa shyaama re

Bhagavaana Ki Baala Lilaa

Yaaro, suno ye dadhi ke lutaiyaa kaa baalapana;
Au madhupuri nagara ke basaiyaa kaa baalapana.
Mohana-sarupa nritya karaiyaa kaa baalapana;
Bana-bana ke gvaala gauve-charaiyaa kaa baalapana.
Aisaa thaa baamsuri ke bajaiyaa kaa baalapana
Kyaa-kyaa kahun mai krishna kanhaiyaa kaa baalapana

Jaahira mei suta vo nanda-jasodaa ke aapa the;
Varanaa vo aapi maai the aura aapi baapa the.
Parade mei baalapana ke ye unake milaapa the,
Joti sarupa kahiye jinhe so vo aapa the.
Aisaa thaa . . .

Unako to baalapana se na thaa kaama kuchha zaraa,
Samsaara ki jo rita thi, usako rakhaa bazaa.
Maalika the vaha to aapi, unhe baalapana se kyaa?
Vaan baalapana, javaani, burhaapaa-saba eka thaa.
Aisaa thaa . . .

Baale the birjaraaja, jo duniyaa mei aa gaye,
Lilaa ke laakha ranga tamaashe dikhaa gaye.
Isa baalapana ke rupa mei kitanon ko bhaa gaye,
Eka yaha bhi lahara thi, jo jahaa ko jataa gaye.
Aisaa thaa . . .

Paradaa na baalapana kaa vo karate agara zaraa,
Kyaa taaba thi jo koi najara bhara ke dekhataa.
Jhaara au pahaara dete sabhi apanaa sara jhukaa,
Para kauna jaanataa thaa, jo kuchha unakaa bheda thaa.
Aisaa thaa . . .

Aba ghutaniyon kaa unake mai chalanaa bayaan karun?
Yaa, mithi baate munha se nikalanaa bayaan karun?
Yaa, baalakon mei isa taraha palanaa bayaan karun?
Yaa, godiyon mei unakaa machalanaa bayaan karun?
Aisaa thaa . . .

Paati pakara ke jaba chalane lage madanagupaala,
Dharati tamaama ho gai eka aana mei nihaala.
Baasuki charana chhuana ko chale chhora ke pataala,
Aakaasha para bhi dhuma machi dekha unaki chaala.
Aisaa thaa . . .

Karane lage ye dhuma jo giradhaari nandalaala,
Ika aapa aura dusare saatha unake gvaala-baala.
Maakhana-dahi churaane lage sabake dekhabhaala,
Di apani dudha-ghi chori ki ghara-ghara mei dhuma daala.
Aisaa thaa . . .

Kothe mei hove phira to usi ko dhandhoranaa,
Matakaa ho to usi mei bhi jaa mukha ko boranaa.
Unchaa ho to bhi kandhe pai charha ke na chhoranaa,
Pahunchaa na haatha to use murali se phoranaa.
Aisaa thaa . . .

Gara chori karate aa gai, gvaalina koi vahaa,
Au usane aa pakara liyaa to usase bole vaan.
'Mai to tere dahi ki uraataa thaa makkhiyaan,
Khaataa nahi mai usako, nikaale thaa chintiyaan'.
Aisaa thaa . . .

Gusse mei koi haatha pakarati jo aana kara,
To usako vaha svarupa dikhaate the muralidhara.
Jo aapi laa ke dharati vo maakhana katori bhara,
Gussaa vo usakaa aana mei jaataa vahaa utara.
Aisaa thaa . . .

Unako to dekha gvaaline jo jaana paati thi,
Ghara mei isi bahaane se unako bulaati thi.
Jaahira mei unake haatha se ve gula machaati thi,
Parade mei sabhi ke krishna ki balihaari jaati thi.
Aisaa thaa . . .

Kahati thin dila mei 'dudha jo aba ham chhipaayenge,
Shrikrishna isi bahaane hame munha dikhaayenge.
Aura, jo hamaare ghara mei ye maakhana na paayenge,
To unako kyaa garaja hai, vo kaahe ko aayenge'.
Aisaa thaa . . .

Saba mila yashodaa paasa yaha kahati thin aake 'bira-
Aba to tumhaaraa kaanhaa huaa hai baraa sarira.
Detaa hai hamako gaaliyaan, au' phaarataa hai chira,
Chhore dahi na dudha, na maakhana, mahi na khira'.
Aisaa thaa . . .

Maataa yashodaa unaki bahuta karatin mintiyaan,
Au' kaanha ko daraatin uthaa mana ki siriyaan.
Taba kaanha ji yashodaa se karate yahi bayaan-
'Tuma sacha na maano maiyaa, ye saari hai
Aisaa thaa . . .

'Maataa, kabhi ye mujhako pakara kara le jaati hai,
Au' gaane apane saatha mujhe gavaati hai.
Saba naachati hai aapa, mujhe bhi nachaati hai,
Aapi tumhaare paasa se phariyaadi aati hai'.
Aisaa thaa . . .

'Maiyaa, kabhi ye meri chhaguliyaa chhipaati hai,
Jaataa hun raaha mei to mujhe chhere jaati hai.
Aapi mujhe ruthaati hai, aapi manaati hai,
Maaro inhe, ye mujhako bahuta-saa sataati hai'.
Aisaa thaa . . .

Eka roza munha mei kaanha ne maakhana chhipaa liyaa,
Puchhaa yashodaa ne to vahaa munha banaa diyaa.
Munha khola tina loka kaa aalama dikhaa diyaa,
Ika aana mei dikhaa diyaa, au' phira bhulaa diyaa.
Aisaa thaa . . .

The kaanha ji to nanda-yashodaa ke ghara ke maaha,
Mohana navala-kishora ki thi sabake dila mei chaaha.
Unako jo dekhataa thaa, so karataa thaa 'vaaha-vaaha'
Aisaa to baalapana na kisi kaa huaa hai aaha.
Aisaa thaa . . .

Raadhaaramana ke yaaro, ajaba aaye gaura the,
Larakon mei vo kahaa hai jo kuchha uname taura the.
Aapi vo prabhu naatha the, aapi vo daura the,
Unake to baalapana hi mei tevara kuchha aura the.
Aisaa thaa . . .

Hotaa hai yon to baalapana hara tiphala kaa bhalaa,
Para unake baalapana mei to kuchha auri bheda thaa.
Usa bheda ki bhalaa ji kisi ko khabara hai kyaa?
Kyaa jaane apani khelane aaye the kyaa kalaa.
Aisaa thaa . . .

Saba mili ke yaaro, krishna muraari ki bolo jai!
Govinda kunja-chhaila-bihaari ki bolo jai!
Dadhichora gopinaatha bihaari ki bolo jai!
Tuma bhi 'najira' krishna muraari ki bolo jai!
Aisaa thaa . . .

Naacho Gopaalaa

Gopaalaa gopaalaa naacho gopaalaa
Naacho naacho shyaama nandalaalaa
Ruma-jhuma, ruma-jhuma, naacho gopaalaa
Naacho gopaalaa naacho gopaalaa
Naacho gopaalaa naacho gopaalaa

Dhimika-dhimika-dhima naacho gopaalaa
Naacho gopaalaa naacho gopaalaa
Thumuka-thumuka-thuma, naacho gopaalaa
Naacho gopaalaa naacho gopaalaa

Taa taa thei, taa taa thei, naacho gopaalaa
Naacho gopaalaa naacho gopaalaa
Naa dhin dhin naa, naa dhin dhin naa,
naacho gopaalaa
Naacho gopaalaa naacho gopaalaa

Krishna Naama Sankirtan

Muralidhara Shyaama

Adhara-madhura muralidhara shyaama
Madhuraadhipate raadheshyaama

Nacho Nandalala

Nita-nita sundara mukhaaravrinda
Naacho nandalaalaa nandalaalaa
Miraa ke prabhu laalaa, nandalaalaa

Aanandananda

Aanandananda gopaala aanandananda gopaala
Aanandananda, aanandananda, aanandananda gopaala

Govinda Naaraayanaa

Govinda naaraayanaa, gopaala naaraayanaa
Govinda govinda naaraayanaa
Hari govinda gopaala naaraayanaa

Kaise Sundara Shyaama

Gokula ki galiyon mei urata gulaala hai
Maataa yashodaa ko huve nandalaala hai
Sira pe chutilaa, kaale ghunghara baala hai
Mastaka para tilaka lage, kaise sundara shyaama hai

Giradhaari Nandalaala

Giradhaari nandalaala, bhajo govinda gopaala
Bhajo govinda gopaala, bhajo govinda gopaala

Naaraayana Vaasudeva

Sri krishna govinda hare muraare
Naaraayana, he naatha, naaraayana vaasudeva
He naatha, naaraayana vaasudeva

Bhajo Giridhara Govinda

Bhajo giridhara govinda gopaalaa
Bhajo shyaama sundara murali vaalaa

Govinda Bolo Hari

Govinda bolo hari gopaala bolo
Raadhaa ramana hari govinda bolo

Jaya Hari Naaraayana

Jaya hari naaraayana govindam
Jaya raama naaraayana govindam

Yamunaa Tira Bihaari

Yamunaa tira bihaari, vrindaavana sanchaari
Govardhana giradhaari, gopaala krishna muraari
Jaya jaya raadhe, jaya nandanandana
Jaya jaya gopi, jana-mana-ranjana
Dushta nikandana, shyaama shyaama
Jana-mana-ranjana, shyaama shyaama
Dasharatha-nandana, raama raama
Dashamukha-mardana, raama raama
Bhava-bhaya-bhanjana, raama raama
Jana-mana-ranjana, raama raama

Mana Raadhe Krishna Gaao

Mana, raadhe krishna raadhe krishna gaao re
Mana, govinda gopaala gaao re

Krishna Mukunda Keshava

Krishna mukunda keshava muralidhara mohanaa
Yaadava krishnaa maadhava krishnaa
Naaraayana hari naaraayana
Nandakishora, navanita chora
Naaraayana hari naaraayana

Raadhe Bol

Raadhe raadhe raadhe govinda bolo
Bhajo govinda govinda govindaa
Raadhe bol . . . raadhe bol . . . raadhe bol . . . raadhe bol

Gopaala Govinda

Raadhe krishna govinda, gopaala raadhe maadhava
Gopaala raadhe maadhava, govinda raadhe maadhava

Giridhara Gopaalaa

Maadhava murahara madhura manohara,
giridhara gopaalaa
He giridhara gopaalaa, he giridhara gopaalaa

Krishna Kanhaiyaa Nandalaalaa

Bhaja govinda govinda gopaalaa
Sri krishna kanhaiyaa tuma nandalaalaa

Jaya Gopaala

Nanda ke laala, jaya gopaala
Yashodaa ke laala, jaya gopaala
Raadhaa bihaari, jaya gopaala
Raadhaa manohara, jaya gopaala

Bhaja Govindam

Bhaja raadhe krishna govindam
Bhaja raadhe-raadhe govindam
Govindam govindam govindam bhaja govindam
Bhaja girivaradhaari govindam
Hridaya bihaari govindam
Bhaja muralidhaari govindam
Govindam govindam govindam bhaja govindam
Bhaja hare muraare govindam,
Bhaja krishna pyaare govindam
Bhaja nanda dulaare govindam
Govindam govindam govindam bhaja govindam
Bhaja nayana ke taare govindam
Bhaja bhava-dukha bhanjana govindam
Dhenu charaiyaa govindam
Govindam govindam govindam bhaja govindam

Jaya Raadhe Govinda

Jaya raadhe govinda jaya raadhe gopaalaa
Dinaanaatha govinda jaya anaathanaatha gopaalaa

Nandalaalaa Yadu Nandalaalaa

Nandalaalaa yadu nandalaalaa
Vrindaavana govindalaalaa
Raadhaa lolaa nandalaalaa
Raadha maadhava nandalaalaa

Govinda Bolo

Govinda bolo bhaiyaa, govinda bolo re
Raadhe raadhe bolo re, govinda bolo re

Bola Hari

Bola hari bol hari hari hari bola
Keshava maadhava govinda bola

Natavara Naagara Nandaa

Natavara naagara nandaa bhajo re mana govindaa
Tu hi natavara tu hi naagara, tu hi hai baala mukundaa

Sri Krishna Govinda

Sri krishna govinda hare muraare
Sri krishna govinda shyaama nandalaala

Govinda Hare Gopaala

Govinda hare gopaala govinda hare hare
Gopaala gopaala, govinda hare hare

Jaya Raadhaa Maadhava

Jaya raadhaa maadhava jaya kunja bihaari
Jaya gopi jana vallabha girivaradhaari
Yashodaa nanda braja-jana-ranjana
Yamunaa tira vanachaari

Satya Naaraayana Govinda Maadhava

Satya naaraayana govinda maadhava
Saai naaraayana govinda keshava
Hare raama hare raama raama raama hare hare
Hare krishna hare krishna krishna krishna hare hare

Govinda Gopaala

Govinda gopaala prabhu giradhaari
Govinda gopaala hridaya vihaari
Nanda kishora navanita chora
Hridaya vihaari baraa chitachora

Jaya Jaya Gopaala

Jaya jaya gopaala raadhe gopaala satya gopaala
He nandalaalaa gopi gopaalaa gokulavaalaa
Vrindaavana sanchaalaa vrindaavana gopaalaa

Krishna Govinda Govinda Gopaalaa

Krishna govinda govinda gopaalaa

Krishna Govinda

Krishna govinda govinda gopaalaa
Sri krishna kanhaiyaa tuma nandalaalaa

Baala Mukundam

Bhaja govindam, baala mukundam
Paramaanandam hare hare
Tuma ho kanhaiyaa, yashodaa ke laala
Churaate ho maakhana, ye achchhi nahi chaala
Maakhana churaana to choron kaa kaama hai
Tuma ho kanhaiyaa teraa naama badanaama hai

Bhajo Nitaai

Bhajo nitaai gaura raadhe shyaama
Japo hare krishna hare raama

Govinda Jaya Jaya

Govinda jaya jaya, gopaala jaya jaya
Raadhaa ramana hari, govinda jaya jaya

Mukunda Maadhava

Mukunda maadhava govinda bola
Keshava maadhava hari hari bola
Krishna krishna bola hari hari bola

Jaya Jaya Jaya Manamohana

Jaya jaya jaya manamohana
Jaya jaya jaya madhusudana
Keshava maadhava
Maadhava keshava
Gopaala gopaala naa

Devaki Nandana Gopaalaa

Gopaalaa gopaalaa
Devaki nandana gopaalaa

Sri Raadhe Govinda

Sri krishna chaitanya, prabhu nityaanandaa
Hare raama hare krishna, sri raadhe govindaa

Hare Krishna

Hare krishna, hare krishna
Krishna krishna hare hare

Mere Prabhu Raadheshyaama

Aananda saagara muralidhara
Mere prabhu raadheshyaama prema avataara

Navanita Chora

Chitachora yashoda ke laala
Navanita chora gopaala
Gopaala gopaala govardhana giridhara gopaala

Krishna Naama Laddu

Krishna naama laddu
Gopaala naama ghi
Kanhaiyaa naama mishri
Tu ghola ghola pi

Kadamba Ki Daali

Kadamba ki daali jhule banavaari
Jhule raadhaaraani jhulaave banavaari

Gopaalaa Gopaalaa Re

Gopaalaa gopaalaa re, pyaare nandalaalaa
Pyaare nanadalaalaa gopi gopaalaa

Bhajo Raadhe Krishna

Bhajo raadhe krishna gopaala krishna
Krishna krishna sri raadhe
Sri raadhe shyaama raadhe

Krishna Naaraayana

Krishna naaraayana naaraayana naaraayana

Yaha Vrindaavana

Raadhe kunja krishna kunja giri govardhana
Madhura madhura vanshi baaje yaha vrindaavana
Yaha vrindaavana krishna yaha vrindaavana
Madhura madhura vanshi baaje yaha vrindaavana

Tore More Mana

Tore more mana sri raadhikaa ramana
Nisadina hari guna gaaye jaa
Raadhe raadhe gaaye jaa
Krishna krishna gaaye jaa

Dinaanaatha Govindaa

Dinaanaatha govinda jaya anaathanaatha gopaala
Jaya raadhe govinda jaya raadhe gopaala
Govinda jaya govinda gopaala jaya gopaala

Govinda Mero Hai

Govinda mero hai, gopaala mero hai,
Sri baanke bihaari nandalaala mero hai
Kaanhaa mero hai, kanhaiyaa mero hai,
Sri baanke bihaari nandalaala mero hai

Sri Krishna Bhagaavana

Om bhagavaana sri bhagavaana
Aananda bhagavaana sri krishna bhagavaana

Raadhaa Raani

Raadhaa raani ki jaya
Mahaaraani ki jaya
Bolo barasaane vaali ki jaya jaya jaya
Jaya raadhe raadhe raadhe

Krishna Kanhaiyaa Re

Krishna kanhaiyaa re teraa ranga kaalaa kyon
Maine kaali raata mei janma liyaa
Isiliye meraa ranga kaalaa hai, x2
Mainne kaali gaaya kaa dudha piyaa
Isiliye meraa ranga kaalaa hai, x2
Mainne kaaliya naaga kaa mardana kiyaa
Isiliye meraa ranga kaalaa hai x2

Hari Om Kanhaiyaa

Hari om kanhaiyaa hari om
Hari om kanhaiyaa hari om
Bolo hari hari om kanhaiyaa om
Tuma ho ishvara, satya svarupa
Tuma ho ishvara, prema svarupa

Om Namo Bhagavate

Om namo bhagavate krishnadevaaya

Chhoti Chhoti Gaiyaa

Chhoti chhoti gaiyaa chhote-chhote gvaala
Chhoto so mero madana gopaala
Aage aage gaiyaa pichhe-pichhe gvaala
Bicha mei mero madana gopaala
Kaari-kaari gaiyaa gore-gore gvaala
Shyaama varana mero madana gopaala
Ghaasa khaayo gaiyaa dudha pive gvaala
Maakhana khaayo mero madana gopaala

Meraa Gopaalaa Gopaalaa

Baraa pyaaraa hai vo sabase nyaaraa hai vo
Meraa gopaalaa gopaalaa bolo jaya jaya jaya gopaala
Jaba bhi sankata aaye jaba bhi mana ghabaraae
Unako dila se kaho to phira aancha na aaye
Krishna krishna kaho raadhe raadhe gaavo
Mithi murali baje hama saba saatha mei gaaye

Daya Karo Krishnaa

Daya karo krishnaa kripaa karo krishnaa
Jaya govinda jaya govinda jaya govinda jaya govinda
Jaya gopaala jaya gopaala jaya gopaala jaya gopaala
Jaya raadhe krishna jaya raadhe krishna jaya raadhe
krishna jaya raadhe krishna

Bhaja Govindam Bhaja Gopaala

Gopaala raadhaa krishnam
bhaja govindam bhaja gopaala
Bhaja govindam bhaja gopaala
keshava maadhava dinadayaala
Keshava maadhava dinadayaala,
keshava maadhava dinadayaala

Nirguna

Chetana-Samaadhi Ke Purva-Sanketa

Barasai badariyaa saavana ki
Saavana ki, manabhaavana ki

Saavana mei umagyo mero manavaa,
bhanaka suni hari aavana ki
Umara-ghumara chahun disi se aayo,
daamini damake jhara laavana ki
Nanhin-nanhin bundana mehaa barasai,
sitala pavana suhaavana ki
'Miraa' ke prabhu giradhara naagara,
aananda mangala gaavana ki

Tu Eka Hi Hai

1. Hara desha mei tu hara vesha mei tu
   Tere naama aneka tu eka hi hai
   Teri rangabhumi yaha vishva banaa
   Saba khela mei mela mei tu hi to hai

2. Saagara se uthaa baadala bana ke
   Baadala se phutaa jala bana ke,
   Phira nahara banaa nadiyaan gahari
   Tere bhinna prakaara tu eka hi hai

3. Chinti se anu-paramaanu banaa,
   Saba jiva jagata kaa rupa liyaa
   Kahi parvata vriksha vishaala banaa,
   Saundarya teraa tu eka hi hai

4. Yaha divya dikhaayaa hai jisane
   Vaha hai 'gurudeva' ki purna kripaa
   Tukariyaa nita naama jape teraa
   Yaha tu aur mai saba eka hi hai

Praarthanaa

Naanyaa smrihaa raghupate hridaye'smadiye
Satyam vadaami cha bhavaanakhilaantaraatmaa
Bhaktim prayachchha raghupungava nirbharaam me
Kaamaadidosharahitam kuru maanasam cha

Bhakta Ki Abhilaashaa

Eka roja to karunaa kara svaami,
duhkhiyon ke kashta mitaayenge
Ham jivana saphala banaa lenge,
jaba shyaama hamaare aayenge

Aankhon mei hamaari aashaa ho,
eka darshana ki abhilaashaa ho
Sote jagate hansate rote,
ham gita tumhaare gaayenge

Jaba taka na sunoge banavaari,
dina-raata royenge giradhaari
Aansu hi hamaari daulata hai,
ham aansu hi barasaayenge

Sukha ke dina bite baaton mei,
duhkha ke dina lambi raaton mei
Basate hai tumhaari najaron mei,
ham najaron mei mara jaayenge

Ye sara hai tumhaari chaukhata hai,
takadira yahi ajamaayenge
Eka roja to karunaa kara svaami,
duhkhiyon ke kashta mitaayenge

Surata Kaa Nritya

Hai raaga unhin ke ranga bhare,
Au' bhaava unhin ke saanche hai.
Jo begata, besura taala huve,
Bina taala-pakhaavaja naache hai.

Kyaa ilma unhonne sikha liye,
Jo bina lekhe ko baanche hai.
Aura, baata nahi mukhaha se nikale,
Bina hotha hilaaye jaanche hai.

Dila unake taara-sitaaron ke,
Tana unake tabala tamaache hai.
Munha changa jabaan dila saarangi,
Paa ghungharu haatha kamaanche hai.

Jaba haatha ko dhoyaa haathon se,
Jaba haatha lage thirakaane ko.
Au' paava ko khinchaa paavon se,
Au' paava lage gata paane ko.

Jaba aankha uthaai hasti se,
Jaba naina lage matakaane ko.
Saba kaachha kachhe, saba naacha nache,
Usa rasiyaa-chhaila rijhaane ko.

Thaa jisaki khaatira naacha kiyaa,
Jaba murata usaki aaya gai.
Kahi aapa kahaa, kahi naacha kahaa,
Aura taana kahi laharaaya gai.

Jaba chhaila-chhabile sundara ki,
Chhavi nainon bhitara chhaaya gai.
Eka murachhaa-gati si aaya gai,
Au' jota mei jota samaaya gai.

Jaba hosha badana kaa dura huaa,
Jaba gata para aa mridanga baji.
Tana bhanga huaa, dila danga huaa,
Saba aana gai, be-aana saji.

Yaha naachaa kauna 'najira' aba yaan,
Aura kisane dekhaa naacha aji.
Jaba bunda mili jaa dariyaa mei,
Isa taana kaa aakhira nikalaa ji.

Panchaadhyaayi

Toraa mana darpana kahalaae
Bhale bure saare karamon ko
Dekhe aura dikhaae
Toraa mana darpana . . .

Mana hi devataa, mana hi ishvara
Mana se baraa na koya
Mana ujiyaaraa jaga phaharaaraa
Jaga ujiyaaraa hoya
Isa ujale darpana para
Paani dhula na jamane paae
Toraa mana darpana . . .

Sukha ki kaliyaan duhkha ke kaante
Mana sabakaa aadhaara
Mana se koi bheda chhupe naa
Mana mei naina hajaara.
Jaga se chaahe bhaaga le koi
Mana se bhaaga na paae
Toraa mana darpana . . .

Lakari Kaa Prataapa

Jite lakari marate lakari,
Ajaba tamaashaa lakari kaa.
Duniyaan vaalon sacha kahataa hun,
Ye jagavaasaa lakari kaa.

Isa duniyaa mei jaba tu aayaa,
Gari mili tujhe lakari ki.
Paancha barasa ki umara bhai taba,
Khelana laagaa khilaune se.

Bisa varsha ki umara bhai,
Taiyaari hui byaahana ki.
Baandha seharaa ghori chaarhaa,
Torana saaraa lakari kaa.

Varsha bhai jaba chaalisa ki,
Phikara lagi burhaape ki.
Saatha varsha ki umara bhai,
Taba haatha sahaaraa lakari kaa.

Assi varsha ki umara bhai,
Taiyaari hui aba chalane ki.
Chaara janaa mila tujhe uthaayaa,
Vamaana banaayaa lakari kaa.

Gangaa tata para jaakara rakhaa,
Snaana karaayaa gangaa kaa.
Niche lakari upara lakari,
Chitaa banaayaa lakari kaa.

Aadhama-aadha sharira jalaa,
Taba thosaa maaraa lakari kaa.
Holi jaise phunka diyaa,
Phira tukaraa daalaa lakari kaa.

Kahata kabira suno bhaai saadhu,
Khela banaa saba lakari kaa.
Dholaka lakari, baajaa lakari,
Sitar banaayaa lakari kaa.

Premi Patiton Kaa Daavaa

Gajaba kaa daavaa hai paapiyon kaa,
Ajiba jida para machala rahe hai.
Unhin se jhagare pai tula rahe hai
Ki jinase trayaloka pala rahe hai.

Ye kaha rahe hai ki shyaamasundara,
Adhama-udhaarana bane kahaa se?
Khitaaba ham se hi naatha lekara
Hamin se phira kyon badala rahe hai.

Gariba adhamon ke tuma ho premi,
Ye baata muddata se suna rahe hai.
Isi bharose pai tumase bhagavan,
Jhagara rahe hai, machala rahe hai.

Hamaaraa prana hai ki paapa kara lei,
Tumhaaraa prana hai ki paapa hara lei.
Tuma apane vaade se tala rahe ho,
Ham apane vaade pai chala rahe hai.

Nahi hai aankhon mei ashrudhaaraa,
Tumhaari ulphata kaa ye asara hai.
Pare the paapon ke dila mei chhaale,
Jo ‘bindu’ bana kara nikala rahe hai.

Rasa Gagana Guphaa Mei Ajara Jhare

Rasa gagana guphaa mei ajara jhare
Bina baajaa jhankaara uthe,
samujhi parai jana dhyaana dhare
Rasa gagana . . .

Binaa taala jahan kamala khile,
tehi charhi hamsaa keli kare
Binaa chandaa ujiyaari darase,
jahaa tahaa hamsaa najara parai
Rasa gagana . . .

Dasaven dvaare taali laagi,
alakha purushavaa ko dhyaana dhare
Kaala karaala nikata nahi aave,
kaama, krodha, mada-lobha jarai
Rasa gagana . . .

Jugana-jugana ki trishaa bujhaati,
karama-bharama adha vyaadhi tarai
Kahata kabira suno bhaai saadho,
amara hoya kabahun na karai
Rasa gagana . . .

Alamasta Ke Udgaara

Mai to ramataa jogi raama,
meraa kyaa duniyaa se kaam

Haara maansa ki bani putaliyaa,
upara jaraa hai chaam
Dekha-dekha saba loga rijhaaven,
mere upara raam
Mai to ramataa jogi raama . . .

Maala khajaane baaga-bagiche,
sundara mahala mukaam
Eka palaka mei saba hi chhute,
sanga chale na daam
Mai to ramataa jogi raama . . .

Maata-pitaa aru bandhu pyaare,
bhaai bahana suta dhaam
Svaaratha kaa saba khela banaa hai,
nahi isame aaraam
Mai to ramataa jogi raama . . .

Dina-dina, pala-pala, chhina-chhina kaayaa,
chhijata jaata tamaam
'Brahmaananda' bhajana kara prabhu kaa,
to paae vishraam
Mai to ramataa jogi raama . . .

Anaahata Ki Dhuna

Suno, dila ko lagaa pyaare, dhuni anahada ki hoti hai
Amrita ki dhaara taalu mei sadaa mukha ko bhigoti hai

Baje hai baasuri, vinaa, shankha, ghariyaala miradangaa
Garaja baadala ki hai bhaari karaka kara maila dhoti hai

Lage mana naada ke andara bhule tana ki khabara saari
Hridaya ke bicha mei sundara prakata vo divya jyoti hai

Khule jaba drishti ke parade najara aave bhuvana saare
Vo 'brahmaananda' ki lahari prema-rasa mei bhigoti hai

Atthaarah Sadguna

Sri raama jaya raama jaya jaya raama om.
Sri raama jaya raama jaya jaya raama om.

Prasannataa, nirmalataa, niyamitataa,
Ashatrutaa, mitrataa, aarjavataa,
Samaanataa, ekaagrataa, aroshataa,
Yuktataa, namrataa, drirhataa,
Ekataa, shaalinataa, udaaraatmataa,
Abhyaasa karo nitya ina atthaarah gunon kaa,
Paanaa chaaho shighra hi jo amarataa.
Advitiya brahma hi eka satyataa,
Aura saba samsaara hai mithya naataa.
Paaoge amara dhaama anantataa kaa,
Dekhoge agara vibhinnataa mei ekataa.
Mile na yaha gyaana yunivarsiti mei,
Kripaa ho guru ki mile shaashvataa.

Aanandaanubhuti

Aanando'ham aanando'ham aanandam brahmaanandam
Om sachchidaananda, om sachchidaananda,
om sachchidaananda, om sachchidaananda.
Om namah sivaaya, om namah sivaaya,
om namah sivaaya, om namah sivaaya.
Om namo naaraayanaaya, om namo naaraayanaaya,
om namo naaraayanaaya.
Om namo bhagavate vaasudevaaya,
om namo bhagavate vaasudevaaya.
Om aanandam, om aanandam,
om aanandam, om aanandam.

Kaise Chhuvai Prabhu Ke Charaniyaa

Kaise chhuvai prabhu ke charaniyaa,
he mai to jaata ke bhilaniyaa

Naahi kailu gauvaa daana
Naa kailu gangaa asanaana
Naahi kailu devi darasaniyaa,
he mai to jaata ke bhilaniyaa

Naahi kailun joga jaapa
Naahi kailun pujaa paatha
Naahi kailun tiratha asananiyaa,
he mai to jaata ke bhilaniyaa

Itanaa To Karanaa Svaami

Itanaa to karanaa svaami
jaba praana tana se nikale
Govinda naama lekara
phira praana tana se nikale

Sri gangaaji kaa tata ho,
yamunaa kaa vamsivata ho
Meraa saamvaraa nikata ho
jaba praana tana se nikale

Sri vrindaavana kaa sthala ho,
mere mukha mei tulasidala ho
Vishnu charana kaa jala ho
jaba praana tana se nikale

Meraa saamvaraa kharaa ho
bamsi kaa svara bharaa ho
Tirachhaa charana dharaa ho
jaba praana tana se nikale

Sira sohataa mukuta ho,
mukhare pe kaali lata ho
Yahi dhyaana mere ghata ho,
jaba praana tana se nikale

Jaba kantha praana aave
koi roga na sataave
Yama darasa na dikhaave
jaba praana tana se nikale

Meraa praana nikale tana se
teraa naama nikale mukha se
Bacha jaaun ghora duhkha se
jaba praana tana se nikale

Usa vakta jaldi aanaa
nahi shyaama bhula jaanaa
Bamsi ki dhun sunaanaa
jaba praana tana se nikale

Jivana-Patha

Raahi socha samajha kara aanaa,
Isa patha mei vishraama nahi hai,
Au' kuchha bhi aaraama nahi hai,
Jivana bhaara uthaa kara panthi,
Dura bahuta hai jaanaa.

Unchaa nichaa patha hai tama hai,
Aandhi hai tuphaana agama hai,
Kalpanaa kaa samsaara nahi hai,
Kathina bahuta barha jaanaa.

Phulon saa komala jivana hai,
Madhu saa mithaa bholaapana hai,
Isa jivana ke svapna rangile,
Kathina unhe paa jaanaa.

Japa niyama au' samyama se,
Gyaana ki jyoti jagaanaa,
Dharma karma kaa liye sahaaraa,
Lakshya para barhate jaanaa.
Raahi socha samajha kara aanaa.

Jo Kuchha Hai So Tu Hi Hai

Tumase hamane dila ko lagaayaa,
jo kuchha hai so tu hi hai
Eka tujhako apanaa paayaa,
jo kuchha hai so tu hi hai

Sabake makaan dila kaa makin tu
kauna-saa dila hai jisame nahi tu
Hara eka dila mei tu hi samaayaa,
jo kuchha hai so tu hi hai

Kyaa malayaa, kyaa kristaana,
kyaa hindu, kyaa musalamaana
Jaisaa chaahaa sabako banaayaa,
jo kuchha hai so tu hi hai

Kaabaa mei kyaa, devala mei kyaa,
teri parastisha hogi saba jaan
Sabane tujhako sira hai jhukaayaa,
jo kuchha hai so tu hi hai

Arsha se lekara pharsha jamin taka,
aura jamin se arsha bari taka
Jahaa bhi dekhaa tu hi nazara aayaa,
jo kuchha hai so tu hi hai

Sochaa-samajhaa, dekhaa-bhaalaa,
tujha jaisaa koi nazara na aayaa
Aba yaha samajha mei 'saadhu' ke aayaa,
jo kuchha hai so tu hi hai

Kshamaa Yaachanaa

Namaami naaraayana dina bandho,
Hare muraare karunaika sindho.
Haro hamaare agha naatha saare,
Prasida devesha jagannivaasa.

Na naatha vidyaa bala hai na shakti,
na buddhi na shraddhaa na paadaabjabhakti.
Prabho sahaaraa charanaambujon kaa,
prasida devesha jagannivaasa.

Na taata-maataa, na subandhu bhraataa,
Na putra-traataa apanaa dikhaataa.
Binaa tumhaare hari kauna meraa,
Prasida devesha jagannivaasa.

Tumhin pitaa, maatu, subandhu pyaare,
tumhin suvidyaa dhana ho hamaare.
Sakhe na rutho, aba maana jaao,
prasida devesha jagannivaasa.

Kiye aneka agha haaya maine,
Vichaara meraa mana kaampataa hai.
Kshamaa karo paapa samasta mere,
Prasida devesha jagannivaasa.

Maanjhi

Maanjhi o maanjhi, o maanjhi
Kitani dura kinaaraa re maanjhi
dura nagariyaa jaanaa

Kaale kaale baadala chhaae
Raha raha bijali chamakaate
Bari tarange, lambaa dariyaa
Dura dishaa ko jaanaa
Maanjhi o maanjhi . . .

Kaama krodha ne mujhako gheraa
Lobha moha kaa basaa baseraa
Shaanta kinaaraa kahaa hai maanjhi
Kitani dura kinaaraa
Maanjhi o maanjhi . . .

Meraa koi mita nahi hai
Gita nahi hai rita nahi hai
Tu hi maalika meraa saba kuchha
Apane ghara le chalanaa
Maanjhi o maanjhi . . .

Tapati hun mai jalati hun mai
Angaaron mei chalati hun mai
Sudhaa sindhu ke kevata re
Dura dishaa ko jaanaa
Maanjhi o maanjhi . . .

Yuga yuga taka mai sanga rahungi
He siva teraa rupa banungi
Tu siva hai mai umaa tumhaari
Mai teri tu mere rahanaa
Maanjhi o maanjhi . . .

He siva apane haatha barhaao
Khincha mujhe tuma paasa bithaao
Paasa bithaao, eka banaa do
Mai tuma mei tuma mujhamei rahanaa
Maanjhi o maanjhi . . .

Maanjhi jaldi naava chalaanaa
Tuphaana timira ke paara hai jaanaa,
Le chala le chala paara re maanjhi
Prema nagariyaa jaanaa
Maanjhi o maanjhi . . .

Aatma-Samarpana

Ye garaba bharaa mastaka meraa,
Prabhu charana dhuli taka jhukane de, jhukane de.

Ahamkaara vikaara bhare mana ko,
Nija naama ki maalaa japane de, japane de.

Mai mana ke maila ko dho na sakaa,
Ye jivana teraa ho na sakaa, ho na sakaa.

Mai gyaana ki baaton mei khoyaa,
Aura karamahina para kara soyaa, para kara soyaa.

Jaba aankha khuli to mana royaa,
Jaga soye mujha ko jagane de, jagane de.

Mai premi hun, itanaa na jhukaa,
Gira bhi jo parun to uthane de, uthane de.

Jaisaa bhi hun mai khotaa yaa kharaa,
Niradosha sharana mei aa to gayaa, aa to gayaa.

Eka baara ye kaha de khaali jaa,
Yaa prita ki rita jhalakane de, jhalakane de.

Ye garaba bharaa . . .

Kehi Vidha Kara Samajhaaun

Mana! Tohe kehi vidha kara samajhaaun

1. Sonaa hoya to suhaaga mangaaun,
   bankanaala rasa laaun
   Gyaana shabda ki phunka chalaau,
   paani kara pighalaaun

2. Ghoraa hoya to lagaama lagaaun,
   upara jina kasaaun
   Hoya savaara tere para baithun,
   chaabuka deke chalaaun

3. Haathi hoya to janjira garhaaun,
   chaaron paira bandhaaun
   Hoya mahaavata tere para baithun,
   ankusha leke chalaaun

4. Lohaa hoya to eran mangaaun,
   upara dhuvana ghumaaun
   Dhuvana ki ghanaghora machaaun,
   jantara taara khinchaaun

5. Gyaani hoya to gyaana sikhaaun,
   satya ki raaha chalaaun
   Kahata kabira suno bhaai saadhu,
   amaraapura pahunchaaun

Murali kauna bajaavai ho,
gagana-mandala ke bicha

Trikuti-sangama hoya kara,
ganga-jamuna ke ghaata
Vaa murali ke shabda se,
sahaja rachaa bairaata
Murali kauna . . .

Ganga-jamuna bicha murali baaje,
uttara dishi dhuni hohi
Vaa murali ki terahi suni-suni,
rahi gopikaa mohi
Murali kauna . . .

Jahan adhara daali hamsaa baithaa,
chugata muktaa hira
Aananda-chakavaa keli karata hai,
maanasarovara tira
Murali kauna . . .

Shabda-dhuna miradanga bajata hai,
baaraha maasa basanta
Anhad dhyaana akhanda aaturave,
dhaarata saba hi santa
Murali kauna . . .

Kaanhaa-gopi nritya karata hai
charana-vapuhi binaa
Naina binaa ‘dariyaavaa’ dekhe,
aananda-rupa ghanaa
Murali kauna . . .

Nirguna Pada

Mere guru ne bataayo,
bedhana bheda bataayo

Pahali bhikshaa anna ki laanaa,
gaava nagariyaa paasa na jaanaa
Hindu turki chhora ke laanaa,
laanaa jholi bhara ke

Duji bhikshaa maasa ki laanaa,
jiva jantu ke paasa na jaanaa
Jindaa murdaa chhora ke laanaa,
laanaa khappara bhara ke

Tiji bhikshaa jala ki laanaa,
kuaan-baavari paasa na jaanaa
Taala-talaiyaa chhora ke laanaa,
laanaa tumbi bhara ke

Chauthi bhikshaa lakari laanaa,
rukha vriksha ke paasa na jaanaa
Gili-sukhi chhora ke laanaa,
laanaa gatthara bhara ke

Kahata kabira suno bhai saadho,
ye pada to niravaanaa
Isa pada kaa jo artha karegaa,
vo hai chatura sujaanaa

Paristhitiyon Se Samajhautaa

Jaga chaara ghari kaa melaa hai
Kuchha tu kaha le, kuchha mai kaha lun

Aaraama nahi, naa chaina yahaa,
aramaana tarapate rahate hai,
Duhkha-darda-musibata ke paudhe
dina-raata panapate rahate hai.
Moti jo lurhakate duniyaan mei,
kuchha tu le le, kuchha mai le lun.

Hai tanga gali mana-jivana ki,
ummida karaahaa karati hai,
Palakon ki duniyaan mei baithi,
takadira rulaayaa karati hai.
Sva-lakshya para hai tuphaana uthaa,
kuchha tu saha le, kuchha mai saha lun.

More Avagunaa Chita Na Dharo

Prabhu! More avaguna chita na dharo
Sama-darasi hai naama tihaaro, chaahe to paara karo

Eka nadiyaa eka naara kahaavata mailo hi nira bharo
Jaba milakara ke eka barana bhai surasari naama paryo

Ika lohaa pujaa mei raakhata, ika ghara badhika paryo
Paarasa guna avaguna nahi chitavata,
kanchana karata kharo

Yaha maayaa bhrama jaala kahaavata suradaasa sagaro
Abaki bera mohi paara utaaro, nahi, prana jaata taro

Prabhu Ki Sarvavyaapakataa

Moko kahaa tu dhundhe bande,
mai to tere paasa mei.

Nahi rahun mai jhagari-bigari mei,
na chhuri garaasa mei.
Nahi rahun mai khaala roma mei,
na haddi, na maamsa mei.

Na devala mei, na masjida mei,
na kaashi kailaasha mei.
Nahi rahun mai avadha dvaarikaa,
meri bhenta vishvaasa mei

Nahi rahun mai kriyaa karama mei,
na viraaga sannyaasa mei.
Khojoge to abhi milungaa,
pala bhara ki talaasha mei.

Shahara ke baahara deraa hamaaraa,
kutiyaa meri savaasa mei.
Kahata 'kabira' suno saadho,
saba santana ke paasa mei.

Brahmaanandam paramasukhadam kevalam gyaanamurtim
Dvandvaatitam gaganasadrisham tattvamasyaadilakshyam
Ekam nityam vimalamachalam sarvadhisaakshibhutam
Bhaavaatitam trigunarahitam sadgurum tam namaami

Sabhi Chale Jaayenge

Manuaa, jaaoge mai jaani

Raajaa jahihai raaja karana tei,
rupa karana tei raani
Chaanda bhi jaihai, suraja bhi jaihai,
jaihai havaa aura paani

Manusha janma mahaa ati duralabha,
tu samajho abhimaani
Paapa-kapata ki nadi bahata hai,
bure gyaani dhyaani

Jogi jaihai, jangama jaihai,
jaihai bare-bare gyaani
Kahata 'kabira' eka santa na jaihai,
jaake chitta thaharaani

Kuchha Lenaa Na Denaa

Kuchha lenaa na denaa magana rahanaa

Paancha tattva kaa hai yaha pinjaraa,
Jaa mei bole meri maiaa.
Kuchha lenaa . . .

Gahari nadiyaa naava puraani,
Kevatiyaa se mile rahanaa.
Kuchha lenaa . . .

Kahata kabira suno bhai saadho,
Guru ke charana mei lipata rahanaa.
Kuchha lenaa . . .

Sahaja Samaadhi

1. Saadho sahaja samaadhi bhali.
   Guru-prataapa jaa dina se jaagi,
   Dina-dina adhina chali.

2. Jahan jahan dolaun so parikaramaa,
   jo kuchha karaun so sevaa.
   Jaba sovaun taba karaun dandavata,
   pujaun aura na devaa.

3. Kahaun so naama, sunaun so sumirana,
   khaamva piyaun so pujaa.
   Griha, ujaara eka sama lekhon,
   bhaava mitaavaun dujaa.

4. Aankha na mundaun, kaana na rundhaun,
   tanika kashta nahi dhaaraun.
   Khule naina pahichaanaun hamsi hamsi,
   sundara rupa nihaaraun.

5. Shabda nirantara se mana laagaa,
   malina vaasanaa tyaagi.
   Uthata baithata kabahun na chhutai,
   aisi taari laagi.

6. Kaha ‘kabira’ yaha unamuni rahani,
   so paragata kari-gaai.
   Duhkha sukha se koi pare parama pada,
   tehi pada rahaa samaai.

Sivo'ham

Sivo'ham sivo'ham sivo'ham sivo'ham
Vahi aatmaa satchidananda mai hun
Amara aatmaa satchidananda mai hun
Sivo'ham sivo'ham sivo'ham sivo'ham

Akhila vishva kaa jo parama aatmaa hai,
Sabhi praaniyon kaa vahi aatmaa hai,
Vahi aatmaa . . .

Amara aatmaa hai, maranashila kaayaa,
Sabhi praaniyon ke jo bhitara samaayaa,
Vahi aatmaa . . .

Jise shastra kaate, na agni jalaaye,
Bujhaaye na paani, na mrityu mitaaye,
Vahi aatmaa . . .

Hai taaron-sitaaron mei aaloka jisakaa,
Hai chandaa va suraja mei aabhaasa jisakaa,
Vahi aatmaa . . .

Jo vyaapaka hai kana-kana mei hai vaasa jisakaa,
Nahi tinon kaalon mei ho naasha jisakaa,
Vahi aatmaa . . .

Ajara au' amara jisako vedon ne gaayaa,
Yahi gyaana arjuna ko hari ne sunaayaa,
Vahi aatmaa . . .

Saadhaka Ke Svara

Karo rakshaa vipatti se,
na aisi praarthanaa meri
Vipata se bhaya nahi paaun,
prabhu yaha praarthana meri

Mile duhkha taapa se shaanti,
na aisi praarthanaa meri
Sabhi duhkha se vijaya paaun,
prabhu yaha praarthanaa meri

Madada para koi aa jaave,
na aisi praarthanaa meri
Na tute aatma bala dori,
prabhu yaha praarthanaa meri

Uthaa le bhaara tu meraa,
na aisi praarthanaa meri
Banun samaratha uthaane mei,
prabhu yaha praarthanaa meri

Barhe dhana dhaanya parivaaraa,
na aisi praarthanaa meri
Rahum samabhaavi santoshi,
prabhu yaha praarthanaa meri

Mile mantra tantra ki siddhi,
na aisi praarthanaa meri
Khile bhakti se shakti vaha,
prabhu yaha praarthanaa meri

Sukhi dina mei bhajun tujhako
duhkhi andheri raatri mei
Na aave tuma prati shankaa,
prabhu yaha praarthanaa meri

Nirguna Kaa Bangalaa

Bangalaa khuba banaa mahaaraaja,
jisame naaraayana bole.

Pancha tattva ki inta thapaai,
tina guno kaa gaaraa,
Raama naama ki karani banaai,
saamvariyaa chejaaraa.

Isa bangale mei dasa daravaaje,
bicha pavana kaa khambhaa,
Aavata-jaavata kou nahi dekhaa,
yahi eka achambhaa.

Isa bangale mei baaga lagaayaa
aura lagi phulavaari,
Kachchaa, pakkaa kuchha naa dekhaa,
tora liyaa giradhaari.

Eka achambhaa hamane dekhaa,
naari purusha kaa joraa,
Kahata kabira suno bhai saadho,
jina joraa tina toraa.

Tu Ne Raata Gavaayi

Tu ne raata gavaayi soi ke, divasa gavaayaa khaai ke
Hiraa janama amola thaa, kauri badale jaaya re
Tu ne raata . . .

Sumirana lagana lagaai ke, mukha se kuchha na bola re
Baahara ke pata banda karake, andara ke pata khola re
Tu ne raata . . .

Maalaa pherata juga gayaa, gayaa na mana kaa phera re
Kara kaa manakaa chora ke, mana kaa manakaa phere re
Tu ne raata . . .

Duhkha mei sumirana saba karei sukha mei kare na koya re
Jo sukha mei sumirana kare to duhkha kaahe ko hoya re
Tu ne raata . . .

Sumirana Kyon Chhoraa?

Raama-naama japana kyon chhora diyaa
Hari-naama japana kyon chhora diyaa

Krodha na chhoraa, jhutha na chhoraa,
Satya vachana kyon chhora diyaa.
Jhuthe jaga mei dila lalachaa kara,
Asala vachana kyon chhora diyaa.

Kauri ko to khuba sambhaalaa,
Laala ratana kyon chhora diyaa.
Jihi sumirana te ati sukha paave,
So sumirana kyon chhora diyaa.

Ura Rahaa Hai Hamsa Meraa

Ura rahaa hai hamsa meraa ura rahaa.
Yuga-yugon se pankha khole
Khojataa apanaa baseraa.
Ura rahaa . . .

Ura rahaa hai hamsa meraa ura rahaa.
Vishva ke saba gyaaniyon se sikha kara vigyaana bhi,
Devataaon kaa hridaya mei dhaarakara varadaana bhi,
Ura rahaa bechaina hokara tina lokon kaa chiteraa,
Ura rahaa . . .

Ura rahaa hai hamsa meraa ura rahaa.
Ura rahaa hai aura urataa jaa rahaa aviraama hai,
Dekhataa lilaa jagat ki, bhoga se uparaama hai,
Jaa rahaa hai priya-milana ko nila nabha mei vaha akelaa.
Ura rahaa hai hamsa meraa ura rahaa.

Ishvara Aaraadhanaa

He jaga-traataa, vishva-vidhaataa,
He sukha-shaanti-niketana he!

Prema ke sindho, dina ke bandho,
Duhkha-daaridrya-vinaashana he!

Nitya, akhanda, ananta, anaadi,
Purana brahma, sanaatana he!

Jaga-aashraya, jaga-pati, jaga-vandana,
Anupama, alakha niranjana he!

Praanasakhaa, tribhuvana-pratipaalaka,
Jivana ke avalambana he!

Vairaagya-Shikshaa

Aba chhora musaafira, maayaanagara,
Aba prema-nagara mei jaanaa hai.
Isa duniyaan kaa safara baraa hai,
Jivana kaa kauna thikaanaa hai.

Putra-pitaa koi nahi apanaa,
Maayaa racha kara jhuthaa sapanaa.
Chala musaafira, kadama-kadama para
Jaga kaa danda chukaanaa hai.

Aalama saaraa jaa rahaa hai,
Teraa dina bhi aa rahaa hai.
Chala musaafira, kadama-kadama para
Jaga kaa danda chukaanaa hai.

Mrityunjaya Maanasika Pujaa

Pade pade sarvatamonikrintanam,
Pade pade sarvashubhapradaayakam.
Pradakshinam bhaktiyutena chetasaa,
Karomi mrityunjaya raksha raksha maam.

Namo gaurishaaya sphatikadhavalaangaaya cha namo
Namo lokeshaaya stutavibudhalokaaya cha namah.
Namah sri kanthaaya kshapitapuradaityaaya cha namo
Namah phaalaakshaaya smaramadavinaashaaya cha namah.

Agara Bam

Agara-bam agara-bam baaje damaru
Naache sadaasiva jagata guru

Naache brahmaa, naache vishnu,
naache mahaadeva
Khappara lekara kaali naache,
hara hara mahaadeva

Naache brahmaa, naache vishnu,
naache mahaadeva
Vinaa lekara naarada naache,
hara hara mahaadeva

Naache gopi, naache gvaala,
naache baladeva
Kaaliya-phana para kaanhaa naache,
hara hara mahaadeva

Ham bhi naachen, tuma bhi naacho,
naache samsaara
Raasa rachaa kara rasiyaa naache
brajavaasina ke saatha

Mai Niraguniyaan

Mai niraguniyaan guna nahi jaanaa
Eka dhani ke haatha bikaanaa

Soi prabhu pakkaa mai ati kachchaa
Mai jhuthaa, meraa saahaba sachchaa

Mai ochhaa, meraa saahaba puraa
Mai kaayara, meraa saahaba suraa

Mai murakha, meraa saahaba gyaataa
Mai kirapina meraa saahaba daataa

'Dharani' mana maano ika thaaun
So prabhu jivo, mai mari jaaun

Kripaa Ki Na Hoti

Kripaa ki na hoti jo aadata tumhaari
To suni hi rahati adaalata tumhaari

Jo dinon ke dila mei jagaha tuma na paate
To kisa dila mei hoti hiphaajata tumhaari

Garibon ki duniyaa hai aabaada tumase
Garibon se hai baadashaahata tumhaari

Na maalika hi hote, na tuma hote haakima
Na ghara-ghara mei hoti ibaadata tumhaari

Tumhaare hi ulphata ke driga 'bindu' hai ye
Tumhen saumpate hai amaanata tumhaari

Hara aana hamsi, hara aana kushi,
Hara vakhta amiri hai baabaa.
Jaba aashika masta phakira hue,
Phira kyaa dilagiri hai baabaa.

Hai aashika aura maashuka jahaa,
Vaa shaaha-vajiri hai baabaa.
Na ronaa hai, na dhonaa hai,
Na darde asiri hai baabaa.

Dina-raata bahaare-chuhale hai,
Au' esha saphiri hai baabaa.
Jo aashika hue so jaane hai,
Yaha bheda phakiri hai baba.

Kuchha julma nahi, kuchha jora nahi,
Kuchha daada nahi, phariyaada nahi.
Kuchha kaida nahi, kuchha banda nahi,
Kuchha jabra nahi, aazaada nahi.

Shaagirda nahi, ustaada nahi,
Biraana nahi, aabaada nahi.
Hai jitani baate duniyaa ki,
Saba bhula gaye, kuchha yaada nahi.

Jisa samta nazara kara dekhe hai,
Usa dilavara ki phulavaari hai.
Kahi sabji ki hariyaali hai,
Kahi phulon ki gulakyaari hai.

Dina-raata magana khusha baithe hai,
Aura aasa usi ki bhaari hai.
Basa, aapa hi vo daataari hai,
Aura aapa hi vo bhandaari hai.

Hama chaakara jisake husna ke hai,
Vaha dilavara sabase aalaa hai.
Usane hi hamako ji bakhshaa,
Usane hi hamako paalaa hai.

Dila apanaa bholaa-bhaalaa hai,
Aura, ishka baraa matavaalaa hai
Kyaa kahiye 'najira' aage,
Aba kauna samajhane vaalaa hai.

Saba Bhaara Tumhaare Haathon Mei

Jivana kaa maine saupa diyaa,
saba bhaara tumhaare haathon mei.
Uddhaara patana aba meraa hai,
sarakaara tumhaare haathon mei.

Hama tumako kabhi nahi bhajate,
tuma hamako kabhi nahi tajate.
Apakaara hamaare haathon mei,
upakaara tumhaare haathon mei.

Hama mei tuma mei hai bheda yahi,
hama nara hai tuma naaraayana ho.
Hama hai samsaara ke haathon mei,
samsaara tumhaare haathon mei.

Driga bindu banaayaa karate hai,
ika setu viraha ke saagara mei.
Majhadhaara ke haathon mei hama hai,
patavaara tumhaare haathon mei.

Soma Sudhaa Barasaayen

Saamagaana saba jana mila gaayen,
Soma sudhaa barasaayen.

Gaaye paavana veda bhaarati,
Jana-gana-mana harashaayen,
Soma sudhaa barasaayen.

Aao aananda-ghana prabhu aao,
Mana-mandira mei aana samaao.
Teri vaani, tere hi svara,
Teri mahimaa gaayen,
Soma sudhaa barasaayen.

Aao priyajana yagya vedi para,
Veda richaaye gaayen.
Apani svara-dhaaraayen prabhu ke
Svara saagara milaayen,
Soma sudhaa barasaayen.

Maadhurya Yoga Ke Anubhaava

Jaba umaraa dariyaa ulphata kaa,
Hara chaara tarapha aabaadi hai.
Hara raata nai ika shaadi hai,
Hara roja mubaarakabaadi hai.

Khusha khandaa hai rangi gula kaa,
Khusha shaadi shaada muraadi hai.
Bana suraja aapa darakhashaa hai,
Khuda jangala hai, khuda baadi hai.

Nita raahata hai, nita pharahata hai,
Nita ranga naye, aajaadi hai.

Hara raga-reshe mei, hara mu mei,
Amrita bhara-bhara bharapura huaa.
Saba kulaphata dura hui apani,
Mana shaadi marga se chura huaa.

Hara varga badhaaiyaan detaa hai,
Hara jarraha-jarraha tura huaa.
Jo hai, so hai apanaa majahara,
Khvaaha aabi naari baadi hai.

Kyaa thandaka hai, kyaa raahata hai,
Kyaa shaadi hai, aajaadi hai.

Rimajhima-rimajhima aansu barase,
Yaha abra bahaare detaa hai.
Kyaa khuba maze ki baarisha mei,
Vaha lutpha vasla kaa letaa hai.

Kishti mauzon mei dube hai,
Badamasta use kaba khetaa hai.
Yaha garkaabi hai ji uthanaa,
Mata jhijhako, uph, barabaadi hai.

Kyaa thandaka hai, kyaa raahata hai,
Kyaa shaadi hai, aajaadi hai.

Maatama, ranjuri, bimaari,
Galati, kamajori, naadaari.
Thokara unchaa-nichaa mihanata
Jaati hai ina para zaa vaari.

Ina sabaki madadon ke baais,
Chashmaa masti kaa hai jaari.
Guma shira ki shirin tuphon mei,
Koha aura teshaa pharahaadi hai.

Kyaa thandaka hai, kyaa raahata hai,
Kyaa shaadi hai, aajaadi hai.

Isa marane mei kyaa lajjata hai,
Jisa muha ko chaata lage isaki.
Thuke hai shaahanshaahi para,
Saba nemata daulata ho phiki.

Maya chaahiye dila, sira de phunko,
Aura, aaga jalaao bhatti ki.
Kyaa sastaa vaadaa bikataa hai,
'Le lo' kaa shora munaadi hai.

Kyaa thandaka hai, kyaa raahata hai,
Kyaa shaadi hai, aajaadi hai.

Illata maalula mei mata dubo,
Saba kaarana-kaarya tuma hi ho.
Tuma hi daphtara se khaariza ho,
Aura lete chaaraja tuma hi ho.

Tuma hi masarupha bane baithe,
Aura hote haajira tuma hi ho.
Tu daavara hai, tu bukalaa hai
Tu paapi, tu phariyaadi hai.

Nita raahata hai, nita pharahata hai,
Nita ranga naye aazaadi hai.

Dina shaba kaa jhagaraa naa dekhaa,
Go suraja kaa chitthaa sira hai.
Jaba khulati dida-e-raushana hai,
Hangaamaa-e-khvaaba kahaa phira hai.

Aananda sarura samandara hai,
Jisakaa aagaaja, na aakhira hai.
Saba raama pasaaraa duniyaan kaa,
Jaadugara ki ustaadi hai.

Jaaga Musaaphira Bhora Bhai

1. Utha jaaga musaaphira bhora bhai,
   Aba raina gai kyon sovata hai.
   Jo sovata hai so khovata hai,
   Jo jaagata hai so paavata hai.

2. Tuka ninda se ankhiyaan khola jaraa,
   O gaaphila, raba se dhyaana lagaa.
   Yaha prita karana ki rita nahi,
   Raba jaagata hai, tu sovata hai.

3. Aya jaana, bhugata karani apani,
   O paapi, paapa se chaina kahaa?
   Jaba paapa ki gathari sisa dhari,
   Phira sisa pakara kyon rovata hai?

4. Jo kaala kare so aaja kara le,
   Jo aaja kare so aba kara le.
   Jaba chiriyana kheti chugi daali,
   Phira pachhataaye kyaa hovata hai?

Viraata Ki Vandanaa

Aanandaloke mangala-loke viraaje satya sundaram.

Mahimaa tava udbhaashita mahaagagana madhye;
Vishva jagat mani-bhushana veshthita charane.

Graha taaraka chandra divaakara vyaakula druta vege;
Karate paana, karate snaana akshaya kirane.

Dharani para jhare nirjhara mohana madhu shobhaa;
Phula pallava gita gita gandha sundara varane.

Bahe jivana rajani-dina chira nutana dhaaraa;
Karunaa tava nritya nirantara janme-marane.

Sneha prema karunaa bhakti se komala karo praana;
Atisaantvanaa karo varshana santaapa harane.

Jaga mei tava nitya mahotsava vandana kare vishva;
Sri-sampad bhumaaspada nirbhaya sharane.

Mere Sachche Dila Mei Lagana Lagi

Mere sachche dila me lagana lagi,
bhagavaana milenge kabhi na kabhi
Suraja mei nahi, chandaa mei nahi,
taaron mei milenge kabhi na kabhi
Mandira mei nahi, masajida mei nahi,
hridaya mei milenge kabhi na kabhi
Mere sachche dila mei lagana lagi,
bhagavaana milenge kabhi na kabhi
Aakaasha nahi, paataala nahi,
dharati mei milenge kabhi na kabhi
Mere sachche dila mei lagana lagi,
bhagavaana milenge kabhi na kabhi
Phulon mei nahi, pattiyon mei nahi,
kaliyon mei milenge kabhi na kabhi
Mere sachche dila mei lagana lagi,
bhagavaana milenge kabhi na kabhi

Tero Naama Omkaara

Tero naama omkaara, tero naama omkaara
Tero naama omkaara, tero naama omkaara
Tu sat tu chit aananda tu hi
Tu apaara, tu apaara, niraakaara nirvikaara
Bindu bhi tu sindhu bhi tu
Tu apaara, tu apaara, niraakaara nirvikaara
Tu hi brahmaa, tu hi vishnu
Niraakaara nirvikaara, niraakaara nirvikaara
Tu hi gagana, tu hi pavana
Ati aananda, ati aananda.

Sachchaa-Sukha

Milataa hai sachchaa sukha kevala,
Bhagavaan tumhaare charanon mei.
Yaha vinati hai pala pala chhina chhina,
Ho dhyaana tumhaare charanon mei.

Yaa bairi kula samsaara bane,
Yaa mauta gale kaa haara bane.
Yaa jivana mujha para bhaara bane,
Ho dhyaana tumhaare charanon mei.

Sankata ne mujhako gheraa ho,
Yaa chaaron ora andheraa ho.
Para mana nahi dagamaga meraa ho,
Ho dhyaana tumhaare charanon mei.

Agni mei mujhako jalanaa ho,
Kaanto para mujhako chalanaa ho.
Yaa desha tyaaga hi karanaa ho,
Ho dhyaana tumhaare charanon mei.

Jihvaa para teraa naama rahe,
Tu yaada subaha au' shaama rahe.
Teri yaada mei aathon yaama rahe,
Ho dhyaana tumhaare charanon mei.

Ai Maalika Tere Bande Ham

Ai maalika tere bande ham,
Aise ho hamaare karam
Neki para chale aura badi se tale
Taaki hamsate hue nikale dam

Ye andheraa ghanaa chhaa rahaa,
Teraa imsaana ghabaraa rahaa
Ho rahaa bekhabara kuchha na aataa najara
Sukha kaa suraja chhupaa jaa rahaa
Hai teri roshani mei jo dam,
Tu amaavasa ko kara de punam
Neki para chale aura badi se tale
Taaki hamsate hue nikale dam
Ai maalika tere bande ham,

Jaba julmon kaa ho saamanaa,
Taba tu hi hame thaamanaa
Vo buraai kare, hama bhalaai kare
Nahi badale ki ho kaamanaa
Barha uthe pyaara kaa hara kadam,
Aura mite baira kaa ye bharam
Neki para chale aura badi se tale
Taaki hamsate hue nikale dam
Ai maalika tere bande ham

Baraa kamajora hai aadami,
Abhi laakhon hai isme kami
Para tu jo kharaa hai dayaalu baraa
Teri kirapaa se dharati thami
Diyaa tune hame jaba janam,
Tu hi jhelegaa hama saba ke gama
Neki para chale aura badi se tale
Taaki hamsate hue nikale dam
Ai maalika tere bande ham

Nirbala Ke Praana

Nirbala ke praana pukaara rahe,
jagadisha hare jagadisha hare
Shvaason ke svara jhankaara rahe,
jagadisha hare jagadisha hare

Aakaasha-himaalaya saagara mei,
prithvi-paataala-charaachara mei
Yaha madhura bola gunjaara rahe,
jagadisha hare jagadisha hare

Jaba dayaa-drishti ho jaati hai,
sukhi kheti hariyaati hai
Shvaasa pe jana uchchaara rahe,
jagadisha hare jagadisha hare

Sukha-duhkha ki chintaa koi nahi,
bhaya hai vishvaasa na jaaya kahi
Tute na, lagaa yaha taara rahe,
jagadisha hare jagadisha hare

Dehaanubhuti

Mata socha samajha kala kyaa hogaa
Hogaa to vahi honaa hogaa

1. Pala mei paralaya ho jaayegi
   Aura thaata pare raha jaayenge

2. Ye rupa javaani jaayegi,
   Aura raakha pari raha jaayegi.

3. Isa chamaka-damaka ko dekha are!
   Hamsataa kyon hai, ronaa hogaa

4. Tu muththi baandhe aayaa thaa
   Aura haatha pasaare jaayegaa

5. Yaha chaara dinon ki chaandani hai
   Phira to andheraa honaa hai

6. Jaba maaluma hai ki jaanaa hai
   Phira kyon matavaalaa hotaa hai

7. Isa tu-tu, mai-mai mei apanaa
   Kyon avasara vyartha gavaataa hai

8. Kuchha ishvara chintana kara lenaa
   Nahi to pachhataanaa shesha hi hai

9. Jalati batti bujha jaayegi
   Aura khvaaba sabhi raha jaayenge

10. Ina mahalon mei kyaa rakhaa hai
    Ye to eka dina gira jaayenge

11. Yaha jagat to eka saraaya hi hai
    Phira kyon isame tu ramataa hai

12. Ye kaara khari raha jaayegi
    Aura paint tange raha jaayenge

13. Chalati chakki ruka jaayegi
Aura pankhe bhi ruka jaayenge

14. Jo majaa hai usako bhajane mei
Vaha kahi nahi mila paayegaa

15. Saba kuchha karake tune dekhaa
Kyaa paara lagi teri naiyaa

16. Aba yaha bhi karake dekha jaraa
Isamei paanaa hi paanaa hai

Fakira Ki Alakha

Mana laago mero yaara fakiri mei.

Jo sukha paaun raama bhajana mei,
So sukha naahi amiri mei.
Bhalaa-buraa sabakaa suni lijai,
Kari guzaraana garibi mei.
Mana . . .

Prema nagara mei rahani hamaari,
Bhali bani aai saburi mei.
Haatha mei kundi, bagala mei sontaa,
Chaaron disi jaagiri mei.
Mana . . .

Aakhira yaha tana khaaka milegaa,
Kahaa phirata magaruri mei.
Kahata 'kabira' suno bhaai saadho,
Saaheba mile saburi mei.
Mana . . .

Ghara Kaa Dipaka Baara Manavaa

Ghara kaa dipaka baara manavaa,
mana kaa dipaka baara.
Jyoti andara ki jo jaage,
Mite jagat andhiyaara,
Ghara kaa dipaka baara . . .

Ye tana hi hai teraa mandira.
Base devataa tere andara.
Arpana kara usake charanon mei
Bhakti-bhaava upahaara,
Ghara kaa dipaka baara . . .

Nirmala kara le mana kaa aangana,
Apane mei kara prabhu kaa darshana.
Aayegaa niraajana karane
Suraja tere dvaara.
Ghara kaa dipaka baara . . .

Tuma Chandana Hama Paani

Prabhuji! Tuma chandana hama paani
Jaaki anga anga baasa samaani

1. Prabhuji, tuma ghana bana hama moraa
Jaise chitavata chanda chakoraa
2. Prabhuji, tuma dipaka, hama baati
Jaaki joti barai dina raati
3. Prabhuji, tuma moti, hama dhaagaa
Jaise sonahi milata suhaagaa
4. Prabhuji, tuma svaami hama daasaa
Aisi bhakti karai raidaasaa

Hai Bahaare Baaga Duniyaa Chanda Roja

Hai bahaare baaga duniyaa chanda roja
Dekha lo isakaa tamaashaa chanda roja
Ai musaaphira, kucha kaa saamaana kara
Isa jahaa mei hai baseraa chanda roja

Puchhaa lukamaan se 'jiyaa tu kitane roja'?
Daste-hasarata mala ke bolaa 'chanda roja'
Baada madaphana kabra mei boli kajaa-
Aba yahaa pai sote rahanaa chanda roja

Phira tuma kahaa au' mai kahaa ai doston!
Saatha hai meraa-tumhaaraa chanda roja
Kyon sataate ho dile bejurma ko
Jaalimo, hai yaha jamaanaa chanda roja

Yaada kara tu ai najira kabron ke roja
Jindagi kaa hai bharosaa chanda roja

Divyaanubhava

Santo, aba chauthaa pada paayaa

Naabhi-kamala se surataa chaali,
sulataa dama ulataayaa
Trikuti mahala ki khabara pari jaba,
aasana adhara jamaayaa

Jaagrata svapna sushupti jaani,
turiyaa taara milaayaa
Antara anubhava taali laagi,
shunya mandala mei samaayaa

Chaali surataa charhi gagana para,
anahada naada bajaayaa
Rum-jhum, rum-jhum ho ranakaaraa,
vaa mei surata samaayaa

Devi deva vahaa kachhu naahi,
nahi dhupa nahi chhaayaa
'Raamadaasa' charane bhane
bahaadura shaa nirakhaa amara ajaayaa

Hari Om Tatsat

Hari om tatsat, hari om tatsat
Mahaamantra hai ye japaakara japaakara

Himaachala kumaari ne sivaji se puchhaa,
Kaho kauna-saa mantra kalyaanakaari?
Umaa se kahaa siva ne tatkshana dayaakara,
Mahaamantra hai eka kalyaanakaari,
Hari om tatsat, hari om tatsat.

Dushto ne lohe kaa khambhaa rachaa thaa,
To prahlaada nirdosha kyon phira bachaa thaa?
Ki thi vinaya eka svara se jo usane,
Hari om tatsat, hari om tatsat.

Lagi aaga lankaa mei halachala machi thi,
Vibhishana ki kutiyaa phira kaise bachi thi?
Likhaa thaa yahi mantra kutiyaa pe unaki,
Hari om tatsat, hari om tatsat.

Kaho naatha shabari ke ghara kyon the aaye,
Jo aaye to kyon bera juthe the khaaye.
Adhara para yahi thaa hridaya mei yahi thaa,
Hari om tatsat, hari om tatsat.

Sabhaa mei khari draupadi ro rahi thi,
Vo ro ro ke aamsu se mukha dho rahi thi.
Pukaaraa thaa usane yahi naama dila se,
Hari om tatsat, hari om tatsat.

Gayatri

Devi Gayatri

Gayatri Mantra

Om bhurbhuvah suvah tatsaviturvarenyam
Bhargo devasya dhimahi dhiyo yo nah prachodayaat

Chant this mantra at sunrise at least 11 times for attaining peace, perfection and immortality. Meditate on Gayatri, Guru or Om while chanting

Shakti Gayatri

Om sarvasammohinyai vidmahe vishvajananyai dhimahi
Tanno shaktih prachodayaat

Radhika Gayatri

Om vrishabhaanujaayai vidmahe krishnaapriyaayai dhimahi
Tanno raadhikaa prachodayaat

Lakshmi Gayatri

Om mahaadevyai cha vidmahe vishnupriyaayai cha dhimahi
Tanno lakshmih prachodayaat

Durga Gayatri

Om kaatyaayanyai cha vidmahe kanyaakumaaryai cha dhimahi
Tanno durge prachodayaat

Bhagavati Gayatri

Om mahaashulinyai vidmahe mahaadurgaayai dhimahi
Tanno bhagavati prachodayaat

Sarasvati Gayatri

Om vaagdevyai cha vidmahe brahmapatnyai cha dhimahi
Tanno devi prachodayaat

For gaining knowledge and wisdom

Kali Gayatri

Om kaalikaayai cha vidmahe shmashaan vaasinyai dhimahi
Tanno aghoraa prachodayaat

Annapurna Gayatri

Om bhagavatyai cha vidmahe maheshvaryai cha dhimahi
Tanno annapurnaa prachodayaat

Krishna Gayatri

Krishna Gayatri

Om devakinandanaaya vidmahe vaasudevaaya dhimahi
Tanno krishnah prachodayaat

Gopala Gayatri

Om gopaalaaya vidmahe gopijana vallabhaaya dhimahi
Tanno gopaalah prachodayaat

Guru Gayatri

Guru Gayatri

Om gurudevaaya vidmahe parabrahmane dhimahi
Tanno guruh prachodayaat

Sivananda Gayatri

Om tatpurushaaya vidmahe sivanandaya dhimahi
Tanno brahma prachodayaat

Satyananda Gayatri

Om paramahamsaavadhutaaya vidmahe
satyanandaya dhimahi
Tanno guru prachodayaat

Siva Gayatri

Rudra Gayatri

Om tatpurushaaya vidmahe mahaadevaaya dhimahi
Tanno rudrah prachodayaat

Dakshinamurti Gayatri

Om dakshinaamurtaye vidmahe dhyaanasthaaya dhimahi
Tanno dhishah prachodayaat

Nandikeshvara Gayatri

Om tatpurushaaya vidmahe nandikeshvaraaya dhimahi
Tanno vrishabhah prachodayaat

Vishnu Gayatri

Parashuraama Gayatri

Om jaamadagnyaaya vidmahe mahaaviraaya dhimahi
Tanno parashuraamah prachodayaat

Vishnu Gayatri

Om naaraayanaaya vidmahe vaasudevaaya dhimahi
Tanno vishnuh prachodayaat

Garuda Gayatri

Om tatpurushaaya vidmahe suvarnapaksaaya dhimahi
Tanno garudah prachodayaat

Rama Gayatri

Rama Gayatri

Om dasharathaatmajaaya vidmahe sitaavallabhaaya dhimahi
Tanno raamah prachodayaat

Hanumat Gayatri

Om aanjaneyaaya vidmahe vaayuputraaya dhimahi
Tanno hanumaan prachodayaat

Perform the worship of Hanuman with faith and devotion

Ajapa Gayatri

Om hamsa hamsaaya vidmahe so'ham hamsaaya dhimahi
Tanno hamsah prachodayaat

Surya Gayatri

Om bhaaskaraaya vidmahe sahasrakiranaaya dhimahi
Tanno bhaanuh prachodayaat

Chant 24 times in the morning facing the sun

Hamsa Gayatri

Om hamsa hamsaaya vidmahe paramahamsaaya dhimahi
Tanno hamsah prachodayaat

Hamsa Gayatri

Om paramahasaaya vidmahe mahaatattvaaya dhimahi
Tanno hamsah prachodayaat

Ganapati Gayatri

Om tatpurushaaya vidmahe hastimukhaaya dhimahi
Tanno dantih prachodayaat

Ganapati Gayatri

Om ekadantaaya vidmahe vakratundaaya dhimahi
Tanno dantih prachodayaat

Skanda Gayatri

Om shanmukhaaya vidmahe mahaasenaaya dhimahi
Tanno skandah prachodayaat

Tantrikaa Gayatri

Om parameshvaraaya vidmahe paramatattvaaya dhimahi
Tanno brahmaa prachodayaat

Brahma Gayatri

Om vedaatmane vidmahe hiranyagarbhaaya dhimahi
Tanno brahmaa prachodayaat

The glory of the name of God cannot be established through reasoning. It can certainly be experienced through faith, devotion and constant repetition. Have reverence and faith for the name. Every name is filled with countless powers. Just as fire has the natural property of burning things, so also the name of God has the power of burning the sins and desires. The name of God is your sole refuge. Take refuge in the name and cross this formidable ocean of birth and death.

—*Swami Sivananda*

Ganesha Naama Sankirtan

Ganesha Sharanam

Ganesha sharanam, sharanam ganesha
Ganesha sharanam, sharanam ganesha

He Vinaayaka

He vinaayaka, vighna naashaka
Anaatha rakshaka aananda daayaka
Umaa maheshvara he siva nandana

Jaya Ganesha Paahimaam

Jaya ganesha, jaya ganesha, jaya ganesha paahimaam
Sri ganesha, sri ganesha, sri ganesha rakshamaam

Jaya Ganesha Deva

Jaya ganesha, jaya ganesha, jaya ganesha deva
Maataa teri paarvati pitaa mahaadeva

Gam Ganapataye Namo Namo

Gam ganapataye namo namo
Siddhi vinaayaka namo namo
Ashta vinaayaka namo namo
Ganapati bappaa moryaa

Song of Eighteen 'Ities'

Serenity, Regularity, Absence of Vanity,
Sincerity, Simplicity, Veracity, Equanimity,
Fixity, Non-Irritability, Adaptability, Humility,
Tenacity, Integrity, Nobility, Magnanimity,
Charity, Generosity, Purity.
Practise daily these eighteen 'ities',
You will soon attain immortality.

Brahman is the only real entity.
Listen! Go and sow some good now and generosity,
You will abide in eternity and infinity.
You will behold unity in diversity.
You cannot attain this in the university,
Madras University, Harvard University,
Or even Oxford University,
But you can attain this in the Vedic University.

Rama is Omnipresent

In earth, water, fire, air and ether is Rama,
In the heart, mind, prana and senses is Rama,
In the breath, blood, nerves and brain is Rama,
In sentiment, thought, word and action is Rama.
Within is Rama, without is Rama, in front is Rama,
Above is Rama, below is Rama, behind is Rama,
To the right is Rama, to the left is Rama,
Everywhere is Rama.
Rama, Rama, Rama, Rama, Rama, Rama.
Refuge, solace, path, lord, witness is Rama.
Father, mother, friend, relative, guru is Rama.
Support, source, centre, ideal, God is Rama.
Creator, preserver, destroyer, redeemer is Rama.
Rama, Rama, Rama, Rama, Rama, Rama.
The ultimate goal of one and all is Rama.
Attainable through shraddha,
Prema and worship is Rama.
Accessible to devotion and surrender is Rama.
Approachable by prayer, japa and kirtana is Rama.
Hosanna to Rama, glory to Rama, victory to Rama.
Adorations to Rama, salutations to Rama,
Prostrations to Rama.
Rama, Rama, Rama, Rama, Rama, Rama.
Om Sri Rama, Jaya Rama, Jaya Jaya Rama

Spiritual Ethics

Be bold, be pure, be wise, be virtuous.
Be honest, be sincere, be truthful.
Be patient, be tolerant, be obedient.
Be simple, be humble, be noble, be gentle.
Adapt, adjust, accommodate.
Bear insult, bear injury; highest sadhana.

Song of Sadhana

Purification, concentration, reflection, meditation,
Illumination, identification, absorption, salvation.
These are the eight steps in spiritual sadhana.
Self-sacrifice, self-surrender, self-denial.
These are the different ways to slay this egoism.
Selflessness, self-restraint, self-purification,
Self-analysis, self-introspection, self-examination,
All these will lead to self-realization.

Song of Immortality

Within you is the hidden God.
Within you is the immortal soul.
Kill this little 'I'.Die to live.
Lead the Divine Life.
Within you is the fountain of joy.
Rest peacefully in your own atman.
Drink the nectar of immortality.

Eat a little, drink a little,
talk a little, sleep a little.
Mix a little, move a little,
serve a little, rest a little.
Work a little, rest a little,
study a little, worship a little.
Do Asana a little, Pranayama a little,
reflect a little, meditate a little.
Do Japa a little, do Kirtan a little,
write Mantra a little, have Satsang a little.

Song of Avidity

Just as the Song of Eighteen Ities indicates a set of positive virtues that a sadhaka should cultivate, this Song of Avidity indicates a set of evil traits that one should guard against. It also shows the method of overcoming them.

Avidity, cupidity, stupidity,
Audacity, turbidity, instability,
Angularity, eccentricity, irritability.
These are the obstacles to samadhi.
These are the impurities of the mind.
Avidity is covetousness or greed.
Cupidity is lust or passion.
Stupidity is delusion or infatuation.
Audacity is arrogance or impertinence.
Turbidity is confusion of mind.
Instability is wandering of the mind.
Angularity is a form of vanity.
Eccentricity is slavery to whims and fancies.
Irritability is anger in all its forms.
Remove these impurities through the opposite virtues.
Avidity through practice of generosity;
Cupidity through practice of purity;
Instability through trataka and pranayama,
upasana and japa;
Angularity through practice of humility;
Eccentricity through practice of right conduct;
Irritability through practice of patience, forbearance;
You will enter into samadhi and attain kaivalya.

Obstacles to God-Realization

Duality, Multiplicity, Plurality,
Individuality, Slave Mentality, Dadabadality,
Gadabadality, Dambhacharity, Asmitaity,
Ahamkarity, Raga-Dveshity, Abhiniveshity,
Sensuality, Sensitivity, Sentimentality,
Inactivity, Rotundity,
Are the obstacles to attain Divinity,
Universality, Cosmicality, Real Unity.
Debility, Morbidity, Anemiaty,
Pyorrheaty, Blood-Pressurity,
Myopiaty, Presbyopiaty, Amblyopiaty
Nyctalopiaty, Hemianopiaty, Doctor's
Mahafoolishnessity, Maha-Andhakaraity,
Are the obstacles to attain Divinity.
Atrocity, Curiosity, Cruelty,
Anxiety, Partiality, Timidity,
Duality, Individuality, Immorality,
Debility, Morbidity, Sensuality,
These are the obstacles to attain Divinity.

Song of Instructions

Mohan bansivale tumko lakho pranama,
Tumko lakho pranama.
Shankara bholebhale tumko lakho pranama,
Tumko lakho pranama pyare karodo pranama.
Bhajo Radhe Govinda,
Radhe Govinda bhajo Radhe Govinda.
Radhe Govinda bhajo Sita Govinda.
Hari bolo, bolo bhai Radhe Govinda,
Hare Krishna Hare Rama Radhe Govinda.

Get up at 4 a.m. brahmamuhurta,
Get up at 4 a.m. japo Rama Rama,
Get up at 4 a.m. do Brahma vichara,
Get up at 4 a.m. enquire 'Who am I?'
Get up at 4 a.m. practise yogabhyasa.

Observe mauna daily for two hours,
Fast on Ekadashi, take milk and fruits,
Study daily one chapter of Gita,
Do regular charity, one-tenth income,
Rely on your own self, give up servants,
Do kirtana at night, have satsanga,
Speak the truth at all costs, preserve virya,
Satyam vada, dharmam chara,
observe brahmacharya,
Ahimsa paramo dharma, love one and all,
Never hurt others' feelings, be kind to all,
Control anger by kshama, develop vishva prema.
Keep daily spiritual diary, you will evolve quickly.

Sacred OM

OM is the word of power.
OM is the sacred monosyllable.
OM is the mystic letter.
OM is the immortal akshara.
In OM the world rests.
In OM we live and move.
In OM we go to rest.
In OM we find our quest.
Sing OM rhythmically.
Chant OM loudly.
Roar OM forcibly.
Repeat OM mentally.
Draw strength from OM.
Get inspiration from OM.
Derive energy from OM.
Imbibe bliss from OM.
Glory to OM.
Victory to OM.
Hosanna to OM.
Hail to OM.
Adorations to OM.
Salutations to OM.
Prostrations to OM.
Devotion to OM.
Rely on OM.
Reflect on OM.
Concentrate on OM.
Meditate on OM.
OM! OM!! OM!!!

ॐ

Song of Govinda

Rama Krishna Govinda, Radhe Krishna Govinda
Gopala Krishna Govinda, Krishna Krishna Govinda
Govinda Govinda Govinda Govinda

Banke Bihari Govinda, Brija Bihari Govinda
Shyama Bihari Govinda, Kunja Bihari Govinda
Krishna Murari Govinda, Audha Bihari Govinda
Govinda Govinda Govinda Govinda

Gam Ganapathi Govinda, Bam Mahadeva Govinda
Klim Krishna Govinda, Ram RamaGovinda
Ham Hanumantha Govinda

Aim Sarasvati Govinda, Dum Durga Govinda
Krim Kali Govinda, Hrim Maya Govinda
Srim Lakshmi Govinda

God is truth Govinda, God is bliss Govinda
God is peace Govinda, God is knowledge Govinda
God is love Govinda, God is light Govinda

Control the mind Govinda
Control the senses Govinda
Realize the Self Govinda
This is the teaching Govinda
Of all the Vedas Govinda
Of all the scriptures Govinda
Goal of life Govinda
Is God-realization Govinda
Never forget this Govinda

Attain this Govinda
Through faith, devotion Govinda
Through meditation Govinda
Through shravan manan Govinda
Through tapas yoga Govinda

Through mantra writing Govinda
Through likhit japa Govinda
Through selfless service Govinda
Through viveka vichara Govinda

Practise ahimsa Govinda, speak the truth Govinda
Control anger Govinda, through kshama Govinda
Observe brahmacharya Govinda
Observe mauna Govinda

Serve, love, give Govinda, serve the poor Govinda
Serve the parents Govinda, nurse the sick Govinda
Do charity Govinda

Be kind, be pure Govinda, be good, do good Govinda
Be cheerful Govinda, be courageous Govinda
Be tolerant Govinda

Be patient Govinda, be forgiving Govinda,
Be liberal Govinda, be moderate Govinda,
In eating, drinking Govinda, in sexual matters Govinda

In everything Govinda, be regular Govinda
Get up at 4 a.m. Govinda, brahmamuhurta Govinda
Enquire, Who am I? Govinda, do vichara Govinda
This is very important Govinda
To attain success Govinda

There is no pleasure Govinda
In the sensual objects Govinda
This is the world Govinda
Of pain and death Govinda
Do not be duped Govinda
By the mind and senses Govinda

Do not study Govinda, Herbert Spencer Govinda
This will make you Govinda, an atheist Govinda
This will produce Govinda, wrong samskaras Govinda

Study daily Govinda, Gita Upanishads Govinda
This will help you Govinda, to realize the Self Govinda

Do not smoke Govinda, do not drink Govinda
Do not speak Govinda, vulgar words Govinda

Do not take bribes Govinda
This is bad Govinda
This is very bad Govinda
This is very very bad Govinda
It will spoil Govinda
Your name, character Govinda
This will throw you Govinda
In a lower birth Govinda
To have a bad name Govinda
Is more than death Govinda
It is very shameful Govinda
It is disgraceful Govinda
It is ignominious Govinda
It is heaven-closing Govinda

Time is precious Govinda
Do not waste a second Govinda, utilize it Govinda
In japa, kirtana Govinda, in meditation Govinda

Shyaama Sundara Abto Ham Aashika

Shyaama sundara abto ham
aashika tumhaare bana gaye.
Ham tumhaare bana gaye
aaur tuma tumhaare bana gaye.
Jaba ye dila duniyaa kaa thaa,
Dushmana hajaaro ko jaane.
Jaba ye dila tumko diyaa hai,
Dilke pyaare bana gaye.

Quintessence of Vedanta

Advaita, Akhanda, Akartaa, Abhoktaa,
Asanga, Asakta, Nirguna, Nirlipta,
Chidaanandarupa Sivoham Sivoham,
Chidaanandarupa Sivoham Sivoham.

Avyakta, Ananta, Amrita, Aananda,
Achara, Amana, Akshara, Avyaya,
Chidaanandarupa Sivoham Sivoham,
Chidaanandarupa Sivoham Sivoham.

Asabdha, Asparsa, Arupa, Agandha,
Apraana, Amana, Atindriya, Adrisya,
Chidaanandarupa Sivoham Sivoham,
Chidaanandarupa Sivoham Sivoham.

Satyam, Sivam, Shubham, Sundaram, Kaantam,
Sat-chit-aananda, Sampurna, Sukha, Shaantam,
Chidaanandarupa Sivoham Sivoham,
Chidaanandarupa Sivoham Sivoham.

Chetana, Chaitanya, Chidghana, Chinmaya,
Chidaakaasha, Chinmaatra, Sanmaatra, Tanmaya,
Chidaanandarupa Sivoham Sivoham,
Chidaanandarupa Sivoham Sivoham.

Amala, Vimala, Nirmala, Achala,
Avangamanogochara, Akshara, Nischala,
Chidaanandarupa Sivoham Sivoham,
Chidaanandarupa Sivoham Sivoham.

Nitya, Nirupaadhika, Niratisaya, Aananda,
Niraakaara, Hrimkaara, Omkaara, Kutastha,
Chidaanandarupa Sivoham Sivoham,
Chidaanandarupa Sivoham Sivoham.

Purna Para Brahma, Prajnaana, Aananda,
Saakshi, Drishtaa, Turiyaa, Vigyaana, Aananda,

Chidaanandarupa Sivoham Sivoham,
Chidaanandarupa Sivoham Sivoham.

Satyam, Gyaanam, Anantam, Aanandam,
Sat-chit-aananda, Svayam-jyoti, Prakaasha,
Chidaanandarupa Sivoham Sivoham,
Chidaanandarupa Sivoham Sivoham.

Kaivalya, Kevala, Kutastha, Brahma,
Shuddha, Siddha, Buddha, Sat-chit-aananda,
Chidaanandarupa Sivoham Sivoham,
Chidaanandarupa Sivoham Sivoham.

Nirdosha, Nirmala, Vimala, Niranjana,
Nitya, Niraakaara, Nirguna, Nirvikalpa,
Chidaanandarupa Sivoham Sivoham,
Chidaanandarupa Sivoham Sivoham.

Aatmaa, Brahma-svarupa, Chaitanya, Purusha,
Tejomaya-aananda, 'Tat Tvam Asi' Lakshya,
Chidaanandarupa Sivoham Sivoham,
Chidaanandarupa Sivoham Sivoham.

Soham, Sivoham, Aham Brahma Asmi,
Shuddha Satchidaananda, Purna Para Brahma,
Chidaanandarupa Sivoham Sivoham,
Chidaanandarupa Sivoham Sivoham.

Om Soham, Sivoham, Aham Brahma Asmi,
Sat-chit-aananda Svarupoham,
Chidaanandarupa Sivoham Sivoham,
Chidaanandarupa Sivoham Sivoham.

Prajnaanam Brahma, Aham Brahma Asmi,
Tat Tvam Asi, Ayam Aatma Brahma,
Chidaanandarupa Sivoham Sivoham,
Chidaanandarupa Sivoham Sivoham.

Eka Sloki Ramayana

1. Bala Kanda
   Rama Rama Jaya Raja Rama,
   Rama Rama Jaya Sita Rama.
   Sri Rama was born Jaya Jaya Rama,
   To destroy Ravana Sita Rama.
   Rama killed Jaya Jaya Rama,
   Thadaka Subahu Sita Rama.
   He delivered Ahalya Jaya Jaya Rama,
   And married Sita Sita Rama.

2. Ayodhya Kanda
   Kaikeyi Devi Jaya Jaya Rama,
   Got boons from Dasharatha Sita Rama.

3. Aranya Kanda
   Rama went Jaya Jaya Rama,
   To Dandaka forest Sita Rama.
   Ravana came there Jaya Jaya Rama,
   And took away Sita Sita Rama.

4. Kishkindha Kanda
   Rama killed Vali Jaya Jaya Rama,
   And enthroned Sugriva Sita Rama.

5. Sundara Kanda
   Hanuman crossed the sea Jaya Jaya Rama,
   And gave the ring to Sita Sita Rama
   He burnt Lanka Jaya Jaya Rama,
   And gave Rama chudamani Sita Rama.

6. Yuddha Kanda
   Rama killed Jaya Jaya Rama,
   Kumbhakarna, Ravana Sita Rama.
   Lakshmana killed Jaya Jaya Rama,
   The mighty Meghanada Sita Rama.

Rama installed Jaya Jaya Rama,
Vibhishana on the throne Sita Rama.
Then all came back Jaya Jaya Rama,
To Ayodhya city Sita Rama.
Vasishtha installed Jaya Jaya Rama,
Rama on the throne Sita Rama.
He who reads Jaya Jaya Rama,
Eka Sloki Ramayana Sita Rama,
will attain son, wealth Jaya Jaya Rama,
Bhakti, mukti Sita Rama.
Rama Rama Jaya Raja Rama,
Rama Rama Jaya Sita Rama.

Eka Sloki Bhagavata

Shyama Shyama Jaya Jaya Jaya Shyama,
Shyama Shyama Jaya Radheshyama.
Krishna Krishna Jaya Jaya Jaya Shyama,
Krishna Krishna Jaya Radheshyama.
Om Namo Bhagavate Jaya Jaya Shyama,
Vasudevaya Radheshyama.
Lord Krishna was born Jaya Jaya Shyama,
To destroy Kamsa Radhehyama.
And all other asuras Jaya Jaya Shyama,
And to establish dharma Radheshyama.
He killed Putana Jaya Jaya Shyama,
And Trinavarta, Vatsasura Radheshyama.
He killed also Jaya Jaya Shyama,
Bakasura, Aghasura Radheshyama.
He lifted Govardhana Jaya Jaya Shyama,
And did rasa lila Radheshyama.
He killed Sankachuda Jaya Jaya Shyama,
And Kesi and Vyoma Radheshyama.
He made Kubja straight Jaya Jaya Shyama,

And killed Kuvalayapida Radheshyama.
He wrestled with Chanura Jaya Jaya Shyama,
And killed him too Radheshyama.
He killed Panchajanya Jaya Jaya Shyama,
And blessed Muchukunda Radheshyama.
He married Rukmini Jaya Jaya Shyama,
And Satyabhama, too Radheshyama.
He married also Jaya Jaya Shyama,
Kalindi, Mitravinda Radheshyama.
He killed Narakasura Jaya Jaya Shyama,
He cut Bana's arms Radheshyama.
He killed Sisupala Jaya Jaya Shyama,
Salva and Dantavakra Radheshyama.
He blessed Kuchela Jaya Jaya Shyama,
His old friend Radheshyama.
He instructed Uddhava Jaya Jaya Shyama,
In bhakti and gyana Radheshyama.
He said to Uddhava Jaya Jaya Shyama,
This world is unreal Radheshyama.
Look on all beings Jaya Jaya Shyama,
With equal vision Radheshyama.
Abandon egoism Jaya Jaya Shyama,
Control mind and senses Radheshyama.
Discharge your duties Jaya Jaya Shyama,
Meditate on the truth Radheshyama.
Fix your mind on Me Jaya Jaya Shyama,
Practise yama-niyama Radheshyama.
Serve the preceptor Jaya Jaya Shyama,
Free yourself from pride Radheshyama.
Don't find fault with any Jaya Jaya Shyama,
Be indifferent to wealth Radheshyama.
Feel that atma Jaya Jaya Shyama,
Is separate from the body Radheshyama.
See Brahman everywhere Jaya Jaya Shyama,

Remove dehadhyasa Radheshyama.
Do good to all Jaya Jaya Shyama,
Take refuge in Me Radheshyama.
Do japa, kirtana Jaya Jaya Shyama,
Meditate on Me Radheshyama.
He who studies Jaya Jaya Shyama,
Eka Sloki Bhagavata Radheshyama.
Will attain peace, wealth Jaya Jaya Shyama,
Bhakti, mukti Radheshyama.
Om Namo Bhagavate Jaya Jaya Shyama,
Vasudevaya Radheshyama.
Shyama Shyama Jaya Jaya Jaya Shyama,
Shyama Shyama Jaya Radheshyama.
Krishna Krishna Jaya Jaya Jaya Shyama,
Krishna Krishna Jaya Radheshyama.

Vinaapaani Namostute

Vinaapaani namostute Jaya Vidyaadevi namostute
Vishnupatni namostute Jaya Vidyaa Pradaayini . . .
Vishvavimohini namostute Jaya Vashaalaakshi . . .
Varapradaayini namostute Jaya Vishnumaaye . . .
Mahaalakshmi namostute Jaya Mahaakaali . . .
Mahaashakti namostute Jaya Mahaamaaye . . .
Durgaa Durgaa namostute Jaya Duritahaarini . . .
Chandi Chandi namostute Jaya Chaamundeshvari . . .
Raadhaa Rukmini namostute Jaya Sitaa Jaanaki . . .
Paarvati Gauri namostute Jaya
Umaamaheshvari . . .
Gangaaraani namostute Jaya Bhaagirathi namostute
Jahnukanyaa namostute Jaya Paapahaarini namostute
Dinoddhaarini namostute Jaya Dayaapareshvari . . .
Jaganmaate namostute Jaya Jagadambike . . .
Prakriti Vikriti namostute Jaya Patita Paavani . . .
Payodhikanye namostute Jaya Parameshvari . . .

Song of Karma Yogin

Hari ke premi Hari Hari bolo,
Avo pyare milkara gaao.
Hari charanan me dhyana lagaao,
Dukha me sukha me Hari Hari bolo.
Abhimana tyago seva karo,
Narayana Narayana Narayana Narayana.
Give up brahmin sannyasa abhimana,
Give up male-female sex abhimana.
Give up doctor, judge abhimana,
Give up rajah, zamindar abhimana.
Relinquish pandit, scientist abhimana,
Crush this professor, engineer abhimana,
Kill this collector, tahasildar abhimana,
Kill this vairagya, seva abhimana,
Kill this tyagi, kartrutva abhimana,
Narayana Narayana . . .
Remember always Hari Hari Hari,
Sing always Sita-Rama, Radheshyama,
See good in every face,
Share what you have with others.
Develop nicely adaptability,
Serve always with Narayana bhava.
Scrutinize always your inner motives
Work without egoism,
Cultivate the nimitta-bhava,
Give up expectation of fruits.
Surrender always fruits to the Lord,
Have equal vision and balanced mind.
Selfless work will purify your heart,
Then you will get knowledge of the Self.
Narayana Narayana . . .

Guru Kirtan

Guru Guru Japna
Aura Saba Svapna
Sat Nam Japna
Vahi Guru Japna
Sat Guru Nath
Sri Guru Nath
Jaya Guru Nath
Om Guru Nath
Adi Guru Nath
Advaita Guru Nath
Vyasa Guru Nath
Vasishtha Guru Nath
Datta Guru Nath
Dattatreya Guru Nath
Rama Guru Nath
Krishna Guru Nath
Rama Rama Guru Nath
OM OM Guru Nath
Ganesha Guru Nath
Shanmukha Guru Nath
Siva Guru Nath
Shankara Guru Nath
Jagad Guru Nath
Loka Guru Nath
Devi Guru Nath
Durga Guru Nath
Come come Guru Nath
Initiate me Guru Nath
Save me Guru Nath
Enlighten me Guru Nath
I am thine Guru Nath
All is thine Guru Nath

Sad Guru Nath
Sri Guru Nath
Om Guru Nath
Jaya Guru Nath
Rama Guru Nath
Krishna Guru Nath
Adi Guru Nath
Advaita Guru Nath

Shakti Smaran

Jagajanani, Mahishaasuramardini,
Anirvachani Durgaabhaavani,
Avidyaanaashini, Bhraantivinaashini,
Mokshadaayini, Mulakaarini,
Mokshakaarini, Mangalakaarini,
Bhavaani Shankari, Gauri Shankari,
Umaa Shankari, Akhilaandeshvari,
Raajeshvari, Tripurasundari.

Jayati Sivaa Sivaa

Jayati Sivaa Sivaa Jaanaki Raama,
Jaya Raghunandana Raadheshyaama.
Avadhabihaari Sitaaraama,
Kunjabihaari Raadheshyaama.
Avadha Sarayu Sitaaraama,
Kamala Vimala Mithilaa Dhaama.
Kamala Vimala Mithilaa Dhaama,
Gangaa Tulasi Shaaligraama.
Dasharatha Nandana Sitaaraama,
Adhama Uddhaaraka Raadheshyaama.
Dhanusha Dhaari Sitaaraama,
Muralidhaari Raadheshyaama.
Jaya Raghunandana Sitaaraama,
Jaya Yadunandana Raadheshyaama.
Jaya Bhava Bhanjana Sitaaraama,
Dvandani Khandana Raadheshyaama.
Jaya Kharaari Raaghava Raama,
Jayati Muraari Maadhava Shyaama.
Jaya Dukha Naashaka Sitaaraama,
Prema Prakaashaka Raadheshyaama.
Bhava Nidhi Taarana Sitaaraama,
Adhama Uddhaarana Raadheshyaama.
Jaya Jaya Raghuvara Raajaaraama,
Jaya Jaya Natavara Mohana Shyaama.

Divya Jivana

Hare raama hare raama, raama raama hare hare
Hare krishna hare krishna, krishna krishna hare hare.

Sevaa prema daana pavitrataa dhyaana saakshaatkaara
Bhale bano bhalaa karo dayaalu bano

Sevaa bhakti dhyaana dvaaraa saakshaatkaara paao
Bhale bano bhalaa karo dayaalu bano

Abyaasa karo ahimsaa aura satya pavitrataa
Yahi hai aadhaarashilaa yoga vedaanta kaa

Svayam ko puchho 'kauna hun mai' moksha praapta karo
Prashna karo nija aatmaa se 'kauna hun mai'

Sharira nahi yaha mana nahi mai shaashvata aatmaa hun
Buddhi nahi, indriya nahi mai shaashvata aatmaa hun

Isako jaano mukti paao kartavya hai yahi
Isako jaano avilamba abhi aura yahi

Divya jivana yaapana karo kahate gurudeva
Divyataa mei vaasa karo kahe sivananda

Jaya Gauri

Gauri Gauri Gange Raajeshvari
Gauri Gauri Gange Bhuvaneshvari
Gauri Gauri Gange Maheshvari
Gauri Gauri Gange Maateshvari
Gauri Gauri Gange Mahaakaali
Gauri Gauri Gange Mahaalakshmi
Gauri Gauri Gange Paarvati
Gauri Gauri Gange Sarasvati
Jaya Mahaamaayaa Paraashakti
Premasvarupini.

Digambara Jaya Digambara,
Digambara Jaya Digambara,
Digambara Jaya Digambara,
Sripadavallabha Digambara,
Atri Nandana Digambara,
Anasuya Putra Digambara,
Digambara Digambara,
Digambara Digambara.

Universal Prayer

O Adorable Lord of mercy and love!
Salutations and prostrations unto Thee.
Thou art Satchidananda.
Thou art Omnipresent, Omnipotent and Omniscient.
Thou art the Indweller of all beings.

Grant us an understanding heart,
Equal vision, balanced mind,
Faith, devotion and wisdom.
Grant us inner spiritual strength
To resist temptations and to control the mind.
Free us from egoism, lust, greed, anger and hatred.
Fill our hearts with divine virtues.

Let us behold Thee in all these names and forms.
Let us serve Thee in all these names and forms.
Let us ever remember Thee.
Let us ever sing Thy glories.
Let Thy name be ever on our lips.
Let us abide in Thee for ever and ever.

Song of Consecration

Take my life and let it be
Consecrated, O Lord, to thee.
Take my hands and let them move
At the impulse of thy love.
Take my moments and my days
Let them flow in ceaseless praise.
Take my feet and let them be
Swift and beautiful for thee.
Take my voice and let me sing
Always only for my king.
Take my lips and let them be
Filled with messages for thee.
Take my silver and my gold,
Not a mite would I withhold.
Take my intellect and use
Every power as thou shalt choose.
Take my will and make it thine,
It shall be no longer mine.
Take my heart, it is thine own,
It shall be thy royal throne.
Take my love, my Lord, I pour,
At thy feet its treasures store.
Take myself and I will be
Ever, only, all for thee.

Prayer

Make me a channel of your peace.
Where there is hatred, let me bring your love.
Where there is injury, your pardon Lord.
And where there is doubt, have faith in you.
Make me a channel of your peace.
Where there is despair, let me bring hope.
Where there is darkness, only light.
And where there is sadness, ever joy.
O Master, grant that I may never seek,
So much to be consoled as to console,
To be understood as much as understand,
To be loved as to love with all my soul.
Make me a channel of your peace.
In pardoning we are pardoned Lord.
In giving of ourselves that we receive
In dying born to eternal life.

I am Eternity

I am eternity, I am bliss divine,
I am living in your home.
When I abandon all my thoughts of life
and surrender all to you,
I am eternity . . .

When I feel you in my mortal frame,
in creation everywhere,
I am eternity . . .

When with faith I bow and worship you,
and I know your strength and grace,
I am eternity . . .

And when I live my life just for the love of you,
and with awareness call your name,
I am eternity . . .

Let Your Love Flow

I am the river, you are the sea,
Let your love flow right through me.
I am the river, you are the ocean,
Come and fill me with devotion.
I am the bird, you are the sky,
Let your grace flow, as I fly.
I am the earth, you are the sun,
I am many, you are one.
I am the darkness, you are the light,
Send your wisdom into my night.

We are Sailing

We are sailing, we are sailing,
Across the ocean, across the sea.
We are sailing, on stormy waters.
To a land where we'll be free.
We are flying, we are flying,
Like birds, across the sky.
We are flying, passing high clouds,
To be with you, to be free.
Can't you hear us? Can't you hear us,
Through the dark night, far away.
We are trying, forever trying,
To be with you, to be free.
We are sailing, we are sailing,
Across the ocean, across the sea.
We are sailing, on stormy waters,
To a land where we'll be free.
O Lord! To be near you, to be free.

Satyam's Door

Knock, knock, knocking on Satyam's door.
Knock, knock, knocking on Satyam's door.
Take this self away from me,
I can't use it any more.
It's getting dark, too dark to see.
Take me to the light of Satyam's door.

Take Me Away

Take me away, won't you carry me,
Let me rest in your arms for a while.
Take me away, won't you carry me,
Let me see the sweetness of your smile.
Won't you take me away,
Won't you take me away.

Namo Narayan Sri Swamiji

Namo Narayan Sri Swamiji,
Gurudeva Namo Namo.
Namo Narayan Sri Swamiji,
Gurudeva Namo Namo.
You are my sunshine, my only sunshine.
You make me happy when skies are grey.
You'll never know dear how much we love you.
So please don't take my sunshine away.

I am Missing You, O Krishna

I am missing you, O Krishna,
Where are you?
Though I can't see you,
I hear your flute all around.
So come wipe my tears and make me smile.

Lord, Let Me See Your Face

Lord, let me see your face
In every face I see.
Lord, let me feel your grace,
Feel your grace in me.
Lord, let me find a place
Where you want me to be,
And Lord, let me find a space
That brings me nearer to thee.

Spirit I Love You

Spirit I love you, how I adore you,
I lay my life before you.

Body and Mind

This body and mind are the servants
Of the divine within me.
Om Tat Sat.

Like a Full Force Gale

Like a full force gale
I was lifted by your grace
Lifted up again Satyananda.

Song of Sannyasins

Hari Om, have no home,
Work nor food nor money, have I none.
Still, I will be anandam.

Divine Mother

Divine Mother, my Divine Mother.
Engrossed is the beat of my heart
At the blue lotus feet of my Divine Mother.

At the Feet of My Lord

What need have I of that,
What need have I of this,
Dancing at the feet of my Lord,
All is bliss, all is bliss, all is bliss.
Om Namo Narayanaya,
Om Namo Narayanaya.

> The harmonious vibrations produced by singing the names of the Lord helps to control the mind easily. They produce a benign influence and elevate the mind from its old ruts to magnanimous heights of divine splendour and glory. If one does kirtan and bhajan from the bottom of one's heart, with full bhava and prem, even the trees, birds and animals will respond. Such is the power of bhajan and kirtan. It brings the devotee face to face with God
>
> *–Swami Sivananda*

Aarati

Om jaya jagadisha hare, svaami jaya jagadisha hare
Bhakta janon ke sankata, daasa janon ke sankata,
Kshana mei dura kare
Om jaya jagadisha hare

1. Jo dhyaave phala paavai duhkha binase mana kaa,
   svaami duhkha binase mana kaa
   Sukha sampatti ghara aavai,
   Sukha sampatti ghara aavai, kashta mite tana kaa
   Om jaya jagadisha hare
2. Maata pitaa tuma mere sharana gahu kisaki,
   svaami sharana gahu kisaki
   Tuma bina aura na dujaa,
   Tuma bina aura na dujaa, aasa karun kisaki
   Om jaya jagadisha hare
3. Tuma purana paramaatmaa tuma antaryaami,
   svaami tuma antaryaami
   Paara brahma parameshvara,
   Paara brahma parameshvara, tuma sabake svaami
   Om jaya jagadisha hare
4. Tuma karunaa he saagara, tuma paalanakartaa,
   svaami tuma paalanakartaa
   Mai murakha khala kaami,
   Mai sevaka tuma svaami, kripaa karo bhartaa
   Om jaya jagadisha hare
5. Tuma ho eka agochara, sabake praanapati,
   svaami sabake praanapati
   Kisa vidha milun dayaamaya,
   Kisa vidha milun gusaai, tumako mai kumati
   Om jaya jagadisha hare

6. Dinabandhu dukhahartaa, tuma thaakura mere,
svaami tuma thaakura mere
Apane haatha barhaao,
Apani sharana lagaao, dvaara paraa tere
Om jaya jagadisha hare

7. Vishaya vikaara mitaao, paapa haro devaa,
svaami paapa haro devaa
Shraddhaa bhakti barhaao,
Shraddhaa bhakti barhaao, santana ki sevaa
Om jaya jagadisha hare

8. Om jaya jagadisha hare, svaami jaya jagadisha hare
Bhakta janon ke sankata,
Daasa janon ke sankata, kshana mei dura kare
Om jaya jagadisha hare